André Hoever

»Sie sind hinter uns her!«

André Hoever

»Sie sind hinter uns her!«

Emotionen und Entertainment in Verschwörungstheorien

Dittrich

Meckenheimer Str. 47 · 53919 Weilerswist-Metternich
info@velbrueck.de
www.dittrich-verlag.de

Printed in Germany
ISBN 978-3-910732-89-6

Satz: Gaja Busch, Berlin
Cover: Katharina Jüssen, Weilerswist

Bibliografische Information der Deutschen Nationalbibliothek
Die Deutsche Nationalbibliothek verzeichnet diese Publikation in der Deutschen Nationalbibliografie; detaillierte bibliografische Daten sind im Internet über http://dnb.d-nb.de abrufbar.

Inhalt

Für meinen Vater
…there's always the sun

Einleitung

Es ist der 29. August 2020. In Berlin findet eine große Demonstration gegen die staatlichen Maßnahmen zur Bekämpfung der Corona-Pandemie statt. Organisiert wird der Protest von der sogenannten Querdenken-Szene. Einige der Teilnehmer:innen entschließen sich dazu, die Treppe des Reichstagsgebäudes hinaufzustürmen, was ihnen tatsächlich gelingt. Recht unspektakulär endet die Aktion allerdings damit, dass die anwesenden Polizisten sämtliche der an diesem Reichstagssturm im Kleinformat Beteiligten wieder hinunterscheuchen.

Ich selbst erlebte einen Teil dieser Menschen aus nächster Nähe, als sie abgekämpft, die Spruchbänder eingerollt, in das Hostel zurückkehrten, in dem ich zu dieser Zeit als Rezeptionist arbeitete. Ich hatte Dienst an ebenjenem Wochenende. Das Hostel war fast ausschließlich von Querdenker:innen belegt. Es war »Corona« zur Hochphase. Das hieß: keine internationalen Gäste, keine Schulklassen, keine Handwerker:innen auf Montage, nur Querdenker:innen. Es handelte sich um waschechte Bürger:innen aus Bayern und Baden-Württemberg. Lehrer:innentypen mit Jack-Wolfskin-Jacken, Maschinenbaustudierende, ältere Fans von Bruce Springsteen und Marius Müller-Westernhagen. Normale Leute. Ich wäre nicht auf die Idee gekommen, dass es sich um Querdenkende handeln könnte – wären nicht die Plakate gewesen, auf denen beispielsweise eine vermeintliche »Coronalüge« denunziert wurde. Es gab keinen Grund für meine Kolleg:innen und mich, Stress zu machen. Haben wir aber. Es erschien uns wie eine Bürger:innenpflicht. Ich wartete förmlich darauf, dass jemand seine Daten nicht eintragen wollte; dass jemand etwas sagte, das die Corona-Maßnahmen oder gleich die gesamte Demokratie infrage stellte. Ich war bereit, laut zu werden, sobald eine solche Bemerkung fiel. Als in der Nacht um drei ein paar versprengte Querdenkende betrunken anriefen und fragten, ob sie nicht noch eine Nacht verlängern könnten, sagte ich, dass wir ausgebucht seien und legte auf. Über die Hälfte des Hauses stand leer.

Nach diesem Wochenende fühlte ich mich merkwürdig. Ich hatte das Richtige getan. Die

Fackel der Aufklärung hatte nicht einmal geflackert. Oder? Es fühlte sich alles billig an. An diesem Wochenende ließ sich Dunja Hayali, Journalistin beim öffentlich-rechtlichen Fernsehen, dabei filmen, wie sie eine Querdenkerdemonstration besuchte. Daraus entstand ein Video mit dem Titel »Dunja Hayali beim Protestmarsch gegen die Corona-Maßnahmen«, in dem Hayali zu sehen war, wie sie durch die Versammlung schritt.[1] Im Kontrast zu ihrer würdevollen Selbstkontrolle wirkten die Menschen um sie verrückt oder wie ein Mob. Einige Teilnehmer:innen schienen sich mühsam zurückzuhalten, um sich nicht auf sie zu stürzen. War der Gestus von Hayali edel? Vordergründig war er das: Sie wollte berichten, die Fackel der Aufklärung inmitten eines Meeres aus Unwissenheit und (potenzieller) Barbarei hochhalten. Das war auch mein Gestus, im kleineren Maßstab, aber der gleiche. Fackeln, wir beide.

Es ist nicht billig zu haben, eine Held:in zu werden. Die Soldatin, die einen unmenschlichen Befehl verweigert, ist eine wirkliche Heldin. Sie setzt alles aufs Spiel, mindestens ihre Karriere, vielleicht sogar ihr Leben. Dagegen war ich wohl kaum ein Held. Ich hatte mich keiner Gefahr ausgesetzt. Selbst die Gefahr, Ärger vom Chef zu bekommen, bestand nicht. Denn der war selbst entsetzt darüber, dass Querdenker:innen bei uns eingecheckt hatten. Ob er wirklich nicht die Verbindung gezogen hatte zwischen den massenhaften Buchungen im ersten Corona-Jahr und einer großen Querdenken-Demonstration, die genau an diesem Wochenende stattfinden sollte, weiß ich nicht. Ich erinnere mich aber, dass er mit bislang nicht gekannter Sensibilität unseren Berichten von den Begegnungen zugehört hat und danach die Wiederholung eines solchen Wochenendes kategorisch ausschloss. Noch ein Jahr später sagte er mir, dass ihn unser Wohlergehen im Umgang mit diesen Gästen stark beschäftigt habe. Unser Chef war in Ordnung, aber so ein Ausmaß an Sorge um seine Mitarbeiter:innen war ungewöhnlich. Das Gefühl, billig gehandelt zu haben, blieb jedenfalls.

Das betraf auch die Berichterstattung zum Thema. Was zum Beispiel hatte Dunja Hayali zu ihrem Gang durch die Reihen der Demonstrant:innen bewogen? Was hatte sie erwartet? Sie ist das bekannte Gesicht eines Senders, der bei den

Querdenker:innen für all das steht, wogegen diese Menschen protestiert haben. Sie läuft, mit einem Kamerateam und mit Sicherheitsleuten an ihrer Seite, durch eine große Gruppe von Menschen, die offiziell einen Protest gegen die Corona-Maßnahmen angemeldet haben. Hayali dringt also in ein Gebiet ein, in dem zumindest temporär eine gegensätzliche Meinung vorherrschend ist. Sollte ihr Anblick allein die Leute zum Umdenken bewegen? Oder wollte sie einen Angriff provozieren? Einen Sinn muss sie ja hinter der Aktion gesehen haben.

Ich sah darin eher einen Versuch der Selbstvergewisserung. Genauso wie auch meine Aggression gegenüber den Gästen eine Selbstversicherung gewesen war. Selbstvergewisserung war es auch, den Querdenker:innen in sozialen Medien ständig ihre Fehler im Umgang mit dem vorhandenen Datenmaterial und andere Missgriffe nachzuweisen. Die zu der Zeit umherschwirrende Behauptung etwa, dass 3 Millionen Menschen an der Demonstration teilgenommen hätten, wurde mit Fotos der Loveparade aus den 90ern kontrastiert, um zu zeigen, dass die Teilnehmerzahl vollkommen aus der Luft gegriffen und übertrieben war. Wirklich effektiv schien nur die Kritik daran zu sein, dass bei den Protesten auch Nazis unwidersprochen mitmarschieren durften. Wer ›mit rechts zusammengeht‹, der sagt vielleicht nicht gleich Ja zum rechten Denken. Der sagt aber auch nicht Nein. Ich hatte das Gefühl, dass wir, also ich, meine Kolleg:innen, meine Freund:innen, Leute auf sozialen Kanälen und die Medien, fast schon froh darüber waren, dass in den Reihen der Querdenker:innen Rechte auszumachen waren. Es war das einzige wirkliche Argument inmitten eines geleeartigen Unwohlseins.

Fragen stellten sich: »Warum tun die das?«, »Wie wird man so?« oder »Was ist mit denen?«. Doch darauf gab es keine wirkliche, befriedigende Antwort. Ich fand eine begriffliche Verschiebung: Querdenkende waren Verschwörungstheoretiker:innen, die sich selbst eine Bezeichnung gegeben hatten. Wer sich selbst benennt, ist souveräner als der, der benannt wird. Der Begriff »Verschwörungstheorie« bekam einen Beigeschmack. Ich fing an, mich näher damit zu beschäftigen. Das vorliegende Buch ist Ergebnis dieser Nachforschungen.

Im Folgenden werden wir uns ansehen, wie Verschwörungstheorien aufgebaut sind und darin Kritik geübt wird (Kapitel 1). Dann klären wir, warum dies meist nur Spott erntet (Kapitel 2) und weshalb gerade das der Einstieg dafür ist, Verschwörungstheoretiker:in zu werden (Kapitel 3). Wir wenden uns dann der gesellschaftlichen Krise als idealem Nährboden für Verschwörungstheorien zu (Kapitel 4) und reflektieren, dass Verschwörungstheorien vor allem eine Frage des Verhältnisses von Sachlichkeit und Gefühlen sind (Kapitel 5). Und wir klären, was das alles mit Thrillern zu tun hat.

1. Verschwörung

Der Charme von Verschwörungstheorien

Ein wenig von dem dünkelhaften Geist der oben beschriebenen Mainstream-Reaktionen auf die Querdenken-Proteste atmet auch ein ansonsten sehr aufschlussreiches Interview, dass der Autor und Podcaster Patrick Breitenbach 2020 mit dem zu Verschwörungstheorien publizierenden Journalisten Christian Schiffer geführt hat.[2] Die Rollen im Gespräch sind klar verteilt: Breitenbach mimt den interessierten Bürger, der verstehen will, was es mit der verschwörungstheoretischen Szene auf sich hat. Schiffer repräsentiert den Experten, der in die »Verschwörerszene« eingetaucht ist und nun darüber erklärend berichtet. Zum Beispiel von einer Diskussion zwischen Vertreter:innen der Hohlerde- und Vertreter:innen der Flacherdetheorie.

Die Idee der Hohlerde geht davon aus, dass im Innern der Erde eine weitere Welt existiert, zu der es von unserer Seite einen Zugang in der Antarktis gibt. Im Innern sollen fortgeschrittene

Zivilisationen und Aliens leben. Aber auch Adolf Hitler soll nach dem Zweiten Weltkrieg ins Innere der Erde geflohen sein. Die Vorstellung einer Flacherde, der zufolge die Erde nicht rund, sondern eben flach ist, widerspricht dieser Idee logischerweise. Wenn die Erde keine Kugel ist, kann sie in ihrem Inneren wohl kaum eine Zivilisation beherbergen. Um diesen Widerspruch aufzulösen, wurde laut Schiffer nach einigen Diskussionen folgender Kompromiss gefunden: Demnach handelt es sich bei der Erde zwar um ein flaches Gebilde, dieses verfügt allerdings über eine Art Keller, in dem sowohl fremde Zivilisationen als auch die Nazis Platz haben.

Diese Lösung enthält den ganzen Charme, der Verschwörungstheorien oft anhaftet und dazu führt, dass sie in der Mittagspause oder in der Kneipe gerne zum Thema werden. Es handelt sich schlicht um gute Unterhaltung, wenn auch auf eine bizarre Weise. Aber sind sie nicht mehr als das? Die Idee, dass Nazis aus dem brennenden Berlin in die Hohlerde fliehen, ist nicht neu. Im Comic *Hitler's Head* von 1952[3] sucht der Geist von Hitler einen nach Südamerika geflohenen

Gestapo-Offizier heim, um ihn mit in die Hölle zu nehmen. Sowohl im Comic als auch in der Hohlerden-Verschwörung überlebt Hitler den Krieg. In beiden Fällen wird diese leicht paranoide Vorstellung in ein fantastisches Bild gebracht, das Hitler überlebensgroß, allmächtig und letztlich unsterblich darstellt. Das ist die Grundidee vieler Verschwörungstheorien: dass man es mit einer überlebensgroßen und omnipotenten Macht zu tun hat. Das ist nicht einfach amüsant. Es wirft ein Licht auf die Vorstellungen, Ängste und gedachten Möglichkeiten eines nicht unwesentlichen Teils unserer Gesellschaft.

Die Ideen der Hohl- und Flacherde sind statisch. Es handelt sich in beiden Fällen um die Vorstellung, dass die wahre Gestalt der Erde verschwiegen wird. Darüber kann man diskutieren, aber schlussendlich geht von der Vorstellung einer flachen oder hohlen Erde keine akute Gefahr aus. Klar, die Mächtigen belügen uns nach Strich und Faden, aber das beschreibt mehr einen Zustand als eine akute Bedrohung. Das ist auch bei anderen Verschwörungstheorien der Fall, etwa bei der Frage, ob die Mondlandung tatsächlich stattgefunden oder wer

John F. Kennedy erschossen hat. Diese Vorstellungen und Ereignisse haben nicht so sehr mit dem Alltag zu tun, es sind eher grundsätzliche Ansichten, vergleichbar mit der Frage, welches Computersystem nun das bessere ist: Apple oder Windows. Man kann sich darüber streiten, aber die Welt bleibt dieselbe, ganz gleich, welche Meinung man vertritt. Ihre narrative Statik macht diese Art von Verschwörungstheorien harmlos – und deswegen wohl so kurzweilig.

Die Struktur von Verschwörungsgeschichten

Verschwörungsgeschichten, die Menschen in ihrem Alltag beschäftigen und zu den emotionalen Reaktionen führen, die wir kennen und beargwöhnen, haben einen ganz anderen Aufforderungscharakter. Sie sind dynamisch, das heißt, sie funktionieren wie Thriller, in denen gehetzte Protagonisten ein nahendes Unglück verhindern müssen. Filmbeispiele aus den 70er Jahren, die von einem generellen Misstrauen gegenüber staatlichen Maßnahmen geprägt sind und um das Thema der Paranoia kreisen, kommen an dieser Stelle in den Sinn. Hier lassen sich Parallelen zu aktuellen Verschwörungstheorien erkennen.

In *Three Days of the Condor*[4] von 1975 etwa, mit Robert Redford in der Hauptrolle, kommt der FBI-Agent Joe Turner nach seiner Mittagspause zurück in sein Büro und findet sämtliche seiner Kolleg:innen ermordet vor. Er flieht vor den Mördern, die sich noch im Büro befinden, und findet im Laufe des Filmes heraus, dass eine interne Verschwörung im Gange ist, bei der es um die Kontrolle über Ölfelder im Nahen Osten geht. Die Kräfte hinter dieser Verschwörung sind so mächtig, dass sich Turner fragt, ob es überhaupt sinnvoll ist, mit seinen Enthüllungen an die Öffentlichkeit zu gehen.

Die QAnon-Verschwörungsidee folgt einer ähnlichen Struktur, nur andersherum: Ein angeblicher Vertrauter von Donald Trump berichtete 2017 auf dem mittlerweile berühmt-berüchtigten Imageboard (eine Art Internetforum) *4chan* darüber, dass prominente Mitglieder der Regierung und der Demokraten Kinderhandel betreiben würden und außerdem gegen Trump vorgingen. Die Regierung selbst werde von einer geheimen Gruppe kontrolliert, dem sogenannten ›Deep State‹. ›QAnon‹ entstand 2017 und baute auf der ein Jahr zuvor in die Welt gesetzten, bald unter dem Schlagwort ›Pizzagate‹ bekannten Behauptung auf, Hillary Clinton und andere hochrangige Politiker:innen würden von einer Pizzeria in Washington D.C. aus einen Kinderpornoring betreiben. Das Ziel dieses Rings wurde darin gesehen, in satanischen Ritualen aus Kinderblut ›Adrenochrom‹ zu gewinnen, ein Stoffwechselprodukt des Adrenalins, das den Alterungsprozess aufhalten soll.

Interessant an dieser Verschwörungserzählung ist die Pizzeria. Die Pizzeria sticht als alltäglicher, regelrecht trivialer Ort heraus. Zu einer satanischen Verschwörung einer finsteren Elite würden eher andere Örtlichkeiten passen: sterile Laboratorien tief im Innern von Regierungsgebäuden. Oder dunkle Hallen aus den Gründungstagen der USA, in denen bereits die Freimaurer ihre Rituale abhielten. Warum sollte ein elitärer Kreis einen Ort wie eine Pizzeria für sein Tun auswählen? Ich würde argumentieren, dass es keinen besseren Ort geben kann. Die Pizzeria eignet sich aus zwei Gründen besonders für eine derartige Erzählung: Sie hat eine große Nähe zum Alltag. Die Pizzeria ist, zumindest in der westlichen Welt, die beliebteste Restaurantform. Jeder von uns sitzt hin und wieder in einer Pizzeria. Auf die Pizzeria können sich alle einigen. Und jetzt stelle man sich vor: Während wir im Restaurant ein Stück Funghi-Pizza genießen, wird im Keller darunter Kindern in einem satanischen Ritual Blut abgepresst. Die dazugehörige Filmszene dreht sich fast von selbst. Hier oben herrscht entspannte Atmosphäre, Bedienungen eilen herum, jemand lacht über einen Witz. Dann wandert die Kamera weiter nach unten, zu den Füßen, durch den Boden, und mit einem Mal ändert sich die Atmosphäre in einen Hieronymus-Bosch-Albtraum aus Kinderwehklagen, Maschinengeräuschen und Tropflauten. Darin liegt ein eigener Thrill: Das Monströse ist gleich um die Ecke. Und nicht das kapitalistische Monströse, von dem wir beim Essen nichts hören wollen. Nicht die Obdachlosigkeit, nicht die Schichtarbeit, nicht der Rassismus. Nein, das Monströse ist in diesem Fall mystisch monströs. Eliteverschwörung, Satanismus, Kinderopfer – diese Art der Monstrosität kann enttarnt werden. Sie kann zerschlagen werden. Und wer sie zerschlägt, ist eine Held:in.

Und hierin liegt der zweite Grund für die Pizzeria: Jeder kann potenziell jederzeit zu einem Joe Turner werden. Die satanischen Verbrechen finden nicht an abgeschirmten Orten statt, zu denen kein Normalsterblicher Zugang hat. Bei einer so großen räumlichen Nähe ist es möglich, der Verschwörung aus Versehen auf die Spur zu kommen. Eine falsche Tür auf der Suche nach der Toilette und schon hört man die grauenhaften Schmerzensschreie der Kinder. Man steigt die Treppen hinab und befindet sich mit einem Mal an einem schrecklichen Ort, von dem die Freunde und die Familie ein Stockwerk höher keine Ahnung haben.

Die kapitalistische Logik der Verschwörung

Die Nähe zum Normalen macht den Reiz und die Dringlichkeit dynamischer Verschwörungserzählungen aus. Jeder von uns kann potenziell in einen Thriller geraten. Im Film *Coma*[5] von 1978 findet eine Ärztin heraus, dass Patient:innen im künstlichen Koma gehalten werden, um ihnen Organe zu entnehmen und diese anschließend zu verkaufen. Das Misstrauen gegen Impfungen hat eine lange Tradition. Es ist unbedenklich, aber wie jede medizinische Maßnahme baut es darauf, dass die Patient:innen dem Gesundheitssystem und seinen Akteuren vertrauen. Doch, wie jeder ebenfalls weiß, ist das System in zunehmendem Maße kapitalisiert und auf Effizienz getrimmt. Pflegekräfte sind überlastet, Krankenhäuser werden geschlossen, Operationen müssen sich lohnen. Das säht Zweifel nicht nur an seiner Zuverlässigkeit, sondern an seiner menschenfreundlichen Intention überhaupt.

Nach kapitalistischer Logik kann es kein anderes Ziel geben als den, einen möglichst großen Gewinn aus einer Sache zu ziehen. Fürsorge für Kund:innen, ein Interesse an ihrem Wohlbefinden überhaupt, steht im Gesundheitswesen einer kapitalistischen Gesellschaft nicht oben auf der Agenda. Auch in anderen Bereichen hören wir seit Jahrzehnten die gleiche Botschaft: Menschen werden zu humanem Kapital, das Klima wird immer weiter zerstört, der Börsenkurs ist die einzige Instanz, der Konzerne eine Autorität zumessen. Menschen ziehen Verbindungen zwischen Informationen. Das medizinische System kann monströse Ausmaße annehmen, wenn es auf eine Ideologie einschwenkt. Geschehen ist dies bereits, das zeigt der Blick in die Geschichte. Viele Jahre haben Wissenschaftler etwa mit zweifelhaften Methoden und ausgehend von ebenso dubiosen Grundannahmen versucht, den idealtypischen Schädel des Verbrechers zu bestimmen. Seltsamerweise wurde der immer in den unteren sozialen Klassen gefunden. Angenehm ist das natürlich für diejenigen, die sich einer Klasse – zu der wohl auch die Mehrheit der Forscher gehört haben wird – zurechnen zu dürfen, in der es aus biologischen Gründen keine Verbrecher:innen geben kann. Dass die Schädelvermessungslehre zudem die im 19. Jahrhundert aufkommende Rassentheorie beeinflusste und ihr zuarbeitete, dürfte heutzutage ebenfalls niemanden überraschen. Das rassenhygienische und eugenische Denken erreichte dann im Nationalsozialismus seinen traurigen Höhepunkt. Hunderttausenden Menschen wies eine völkische motivierte Medizin nach, lebensunwertes Leben zu sein und vernichtet werden zu müssen, um die Welt zu einem besseren Ort zu machen.

Historisch hat sich also gezeigt, dass das medizinische System nicht aus sich selbst heraus am Wohlergehen des einzelnen Menschen interessiert ist. Und wenn es nun offensichtlich nur ein Teil des kapitalistischen Systems ist, warum sollte es dann nicht auch dessen Imperativen folgen? Organfabriken unter Krankenhäusern und mit per Impfung implantierte Computerchips sind sicher absurde Vorstellungen, wenn man den hippokratischen Eid als Maßstab anlegt. Aber sind sie es auch, wenn man es aus kapitalistischer Sicht sieht? Wir reden hier immerhin von einem ökonomischen System, in dem es als Mitarbeiterfürsorge verkauft wird, Netze aufzuspannen, um Arbeiter:innen am Selbstmord zu hindern. So geschehen bei Foxconn, einem taiwanesischen Elektronikhersteller, der unter anderem für den Technologiekonzern Apple Produkte fertigt.[6]

Dass die kapitalistische Logik des Systems monströse Ausmaße annehmen kann, schien auch schon das Kino-Publikum von *Coma* begriffen zu haben, das auf den Film in drastischer Weise reagierte. Organspenden sanken im Erscheinungsjahr 1978 um 50 bis 60 Prozent im Vergleich zum Vorjahr. Das »Women's Hospital« in Tampa in Florida schaffte nach zahlreichen Beschwerden von Patient:innen die Kennzeichnung Nummer 8 für einen Operationssaal ab, weil im Film ebendort die Patient:innen ins Koma versetzt wurden[7]. Der Kapitalismus greift nicht akut in das medizinische Geschehen ein. Das unterscheidet ihn von Ideologien wie dem Nationalsozialismus. Er agiert indirekt, gibt durch soziale Strukturen die Richtung vor. Während der Corona-Pandemie zeigte sich etwa im Raum Köln deutlich der soziale Faktor des Erkrankungsrisikos. Menschen steckten sich deutlich häufiger an, wenn sie in beengten Wohnverhältnissen lebten oder (typischerweise schlechter bezahlte) Jobs hatten, die Anwesenheit vor Ort erforderten: Fabrikarbeitende oder Fahrer:innen konnten nicht ins Homeoffice gehen und hatten somit ein viel höheres Risiko, sich anzustecken.[8] Warum findet sich hier kein breiter Protest? Die strukturelle Problemlage, die systematisch Menschen in schwierigen sozialen Lagen anfälliger für Ansteckungen werden lässt, ist allenfalls am Rand ein Thema. Die dramatische Ausgestaltung, dass Bill Gates die Pandemie inszeniert hat, weil er den Menschen Computerchips implantieren will, ist dagegen sehr wohl eines. Wie in *Coma* scheint auch während der Impfwelle etwas Monströses unter der Oberfläche des Alltags im Gange zu sein. Und wie bei QAnon hat der normale Mensch auch hier die Möglichkeit, mit diesen Kräften in Berührung zu kommen – und diese zumindest potenziell auszuschalten.

Filme und Verschwörungstheorien erzählen von einer Welt, in der Kräfte im Hintergrund walten, die nur auf den eigenen Vorteil bedacht sind. Das ist in unserer Welt der Kapitalismus. Jeder Mensch kennt dessen Logik: Plusmacherei (Marx). Wenn Vorgesetzte Kürzungen verkünden, ist nicht jeder mit diesen Kürzungen einverstanden. Aber jeder versteht das Prinzip dahinter. Thriller sind ein künstlerischer Weg, diese Welt zu zeigen. Die Welt droht aufgrund der Logik des Kapitals, ein schlechterer Ort zu werden. In *Three Days of the Condor* soll das

Handeln mit Ölfeldern vertuscht werden. In *Coma* werden Organe illegal verkauft. Anhand des konkreten Falls soll diese Logik entlarvt und vor allem abgestellt werden. Natürlich geht es nicht in jedem Thriller um Kapitalismuskritik. Aber weil das ökonomische Prinzip allgemein bekannt ist, kann es als Motivation für die Filmfiguren eingesetzt werden. Die Position in einer Geschichte ergibt sich dann von selbst. Das ökonomische Prinzip soll stets zum Vorteil desjenigen reichen, der es ausübt. Es hat keine Moral außer der des maximalen Gewinns. Es interessiert sich nicht für Zusammenhänge, die außerhalb dieses Gewinnziels liegen; nicht für Nachhaltigkeit, nicht für Familie, Freundschaften oder Liebe generell; nicht für Gewohnheiten und Sicherheit. Wenn im Thriller eine Kraft kapitalistisch motiviert ist, weiß das Publikum sogleich: Hier handelt es sich um die Bösen.

Ein Ausweg gegen die Übermacht

In den USA bestätigte 2010 der Oberste Gerichtshof, dass Unternehmen über dasselbe Recht wie natürliche Menschen verfügen, wenn es um Wahlkampfspenden geht. Nicht unbegrenzt Geld in einen Wahlkampf hineinpumpen zu können, sei als Einschränkung der Meinungsfreiheit anzusehen. In der Folge brachen sich zuvor unvorstellbare Geldflüsse Bahn. Die meist anonym gezahlten Spenden bündeln sich seitdem in sogenannten Super-PACs und werden als »Dark Money« bezeichnet. Dieser Vorgang setzt im demokratischen Prozess Unternehmen, Wirtschaftsverbände und Lobbygruppen mit Menschen gleich. So wird ökonomisches Handeln zum wichtigsten Prinzip erklärt. Denn Menschen mögen die unterschiedlichsten Motivationen haben, die dann auch in ihre Wahlentscheidung einfließen. Die Ökonomie hat aber nur eine: Gewinn. Ökonomisches Handeln muss nicht immer gewinnorientiertes Kaufen oder Verkaufen meinen. Es kann sich auch damit beschäftigen, den Rahmen zu gestalten, in dem das Kaufen und Verkaufen stattfindet. Das ist der Grund für das politische Engagement wirtschaftlicher Kräfte.

Wenn diese Kräfte dem Menschen gleichgestellt werden, kann man das als Hinweis darauf verstehen, wie die Welt funktioniert. Ähnlich wie in der Religion im Mittelalter drückt sich im Kapital ein Prinzip aus, das seinerseits durch konkrete Akteure in die Tat umgesetzt wird: im Mittelalter durch die Kirche, in unserer Zeit durch Unternehmen. Weil der Kapitalismus das gesellschaftlich wichtigste Prinzip ist, ist es nur natürlich, seinen Kräften einen eigenen, gewichtigen Platz einzuräumen. Und weil wirtschaftliche Kräfte nichts anders sind als organisiertes Kapital, können sie jeden Menschen in einer kapitalistischen Gesellschaft an Macht und Einfluss leicht überflügeln.

Das ist die Meta-Botschaft, die Menschen jeden Tag aus den Nachrichten, Reportagen und Dokumentationen erfahren. Kapital bricht Wissenschaft. Kapital bricht Parteiprogramme. Kapital bricht Gemeinschaft. Umwelt- und Gesellschaftsprobleme können nicht gelöst werden, weil Konzerne oder Lobbygruppen diese Lösungen verhindern. Der Klimawandel war noch bis in die 90er Jahre hinein ein unumstrittener Fakt in der Politik. George W. Bush Senior bezeichnete sich als Umweltaktivisten und es bestand ein breiter gesellschaftlicher Konsens, dass etwas gegen die globale Erwärmung unternommen werden müsste. Ölkonzerne sahen darauf ihre Gewinne in Gefahr. Sie starteten ein großangelegtes Programm, um Zweifel an der Klimakrise zu streuen und/oder darüber, ob sie menschengemacht sei. Dieses Programm war dermaßen erfolgreich, dass in der amerikanischen Politik, die ja immerhin den Rahmen der westlichen Politik vorgibt, der wissenschaftliche Fakt des Klimawandels ein politisch höchst umstrittenes Thema geworden ist.[9] Menschen spüren, dass trotz aller demokratischen Worte und Taten schlussendlich das Kapital das letzte Wort hat. Sie spüren, dass ihre Stimme gleichbedeutend mit der von Konzernen ist und deshalb unbedeutend wird. Die Einnahmen eines Konzerns wie Walmart übersteigen das Bruttoinlandsprodukt von Spanien und Australien. Was könnte eine gewöhnliche Bürger:in dem entgegenstellen?

Möglich wäre es nun, Verschwörungstheorien als Reaktionen auf diese kapitalistische Übermacht zu betrachten. Es wäre möglich, diese absurden Annahmen als eine Reaktion auf empfundene Ohnmacht zu sehen, die die Möglichkeit, etwas zu tun, wiederherstellt.

Verschwörungstheorien wären dann keine künstlerische Auseinandersetzung mit der Realität, wie es die Thriller der 70er waren. Sie wären eine emotionale Auseinandersetzung; die Reaktion von Menschen in einem System auf dieses System. Weil die gefühlte Ohnmacht so groß ist, wird das übermächtige Problem, gegen das nicht anzukommen ist, zu einem gemacht, das sogar der vereinzelte Einzelne prinzipiell besiegen kann. Die Dinge so zu betrachten, würde die Sicht auf das Phänomen der Verschwörungstheorieanhänger:innen verändern. In diesem Sinne wären Verschwörungstheorien eine Reaktion auf die sozialen und politischen Umstände. Ihre Fans würden uns etwas über diese Umstände sagen. Etwa so wie früher die Hippies oder die Gammler. Auch sie galten in ihrer Zeit als individuelle Querulanten, die aus lauter Eigennutz die Gesellschaft stören, gar zerstören wollten.

Der Journalist Schiffer ist unterdessen immer noch mit der Unterscheidung von Hohl- und Flacherde beschäftigt. Die Konzepte und die Diskussion darüber sorgen im Gespräch mit Breitenbach für Heiterkeit. Das ist verständlich: Es gibt keine Hohl- und es gibt keine Flacherde.

Das kann leicht bewiesen werden, und es ist so offensichtlich falsch, dass ein Beweis des Gegenteils fast schon bedeutet, die eigene Intelligenz herunterzustufen. Doch beide Weltkonzepte sind nicht als solche lächerlich. Hohl- und Flacherde sind Elemente aus Erzählungen. Sie könnten in einem Abenteuerfilm nach Jules Verne vorkommen. Amüsant werden sie dadurch, dass Menschen sie für real halten.

2. Aufklärung

Psychologisierung

Der Experte Schiffer gesteht Anhänger:innen von Verschwörungstheorien zu, dass sie aufgeklärte Menschen sind, weil sie die Ursache des jeweils von ihnen beklagten Übels als menschengemacht ansehen und nicht durch göttliche oder andersartige magische Kraft verursacht. Die Aufklärung zweifelt bekanntermaßen an der Existenz solcher Kräfte, für sie gibt es nur Mensch und Natur, beide Seiten agieren miteinander und untereinander. Die Welt stellt sich so als ein einziger Kausalzusammenhang dar, unüberschaubar komplex, prinzipiell aber bis ins Detail erklärbar. Schiffer ist selbst ein aufgeklärter Mensch und es schwingt eine Spur von Respekt mit für die Menschen, die zwar an die Hohlerde glauben, aber immerhin ein naturwissenschaftliches Weltbild haben. Religion wäre ein guter Erklärungsansatz für Verschwörungstheorien, denn im Religiösen finden sich ja gerade die magischen, alleskontrollierenden

Kräfte, die die Aufklärung ablehnt. Dass an dieser Stelle implizit die Areligiosität positiv unterstrichen wird, wirft ein Licht auf die Selbstbezüglichkeit aufgeklärten Denkens. Die logischen Schlüsse der Verschwörungstheoretiker:innen sind zwar falsch, aber immerhin spielt Gott keine Rolle.

Was aber dann? Warum denken diese Menschen so? Fischer beantwortet die Frage im Laufe der Sendung mit einer Art psychologischem Modell. Verschwörungsanhänger:innen sind demnach überwiegend männlich, leben häufig auf dem Land, erfahren ihr Leben als fremdbestimmt, haben kaum feste Überzeugungen, sind oft gescheitert, empfinden Ohnmacht gegenüber dem System, leiden unter Langeweile und legen eine nahezu kindliche Naivität an den Tag, wenn es um Selbstreflexion geht. Schiffer zieht dafür eine Mischung aus Studien und persönlicher Erfahrung heran. Michael Butter, Professor für amerikanische Literatur- und Kulturgeschichte, fasst diese Sicht wie folgt zusammen: »Verschwörungstheorien transportieren somit ein in der Gegenwart beinahe romantisch anmutendes Welt- und Menschenbild.«[10] Das

Problem ist nicht die Welt, sondern dass diese Welt nicht akzeptiert wird. Statt Kausalzusammenhänge zu akzeptieren, schaffen diese Leute sich eine neue Welt und bestehen darauf, dass *diese* Welt ernstgenommen wird. Eltern kennen das von den Fantasiefreunden ihrer kleinen Kinder. Es ist weitaus mehr angeraten, sie als reale Wesen zu betrachten, als darüber zu lachen. Man nimmt das Kind in seiner Sicht ernst und misst ihm den Gestaltungsspielraum zu. Es fällt jedoch schwer, diesen Gestaltungsraum auch einem Mittvierziger zuzumessen, der ebenfalls auf der Realität seiner Fantasiewelt besteht. Entsprechend reagieren Außenstehende oft mit Heiterkeit und Befremden, was den Inhalt dieser Fantasien betrifft, und Psychologisierung, was die Menschen betrifft, die an diesen Inhalt glauben.

Das Problem ist allerdings, dass es sich bei dieser Antwort um eine grobe Pauschalisierung handelt, die keinerlei Erklärungskraft besitzt. Beschrieben wird, wie ich das nennen möchte, der ärgerliche Mensch. Der Autobahndrängler zum Beispiel, der etwas zu passionierte Fleischesser oder die Frau, die im ICE zu laut telefoniert, fallen unter diese Definition. Je nach

Kontext kann sich das Geschlecht ändern, der Wohnort sich vom Land in die Stadt verlagern und nicht die Ohnmacht gegenüber dem System die Ursache sein, sondern umgekehrt die Sicherheit, es auf seiner Seite zu wissen. Welche Gestalt der ärgerliche Mensch auch angenommen hat, er macht nicht das, was von ihm erwartet wird. Sein Verhalten ist unverständlich – zumindest für diejenigen, die ihn für einen ärgerlichen Menschen halten.

Die Theorie der sozialen Identität besagt, dass Menschen ihre soziale Identität oft durch den Vergleich mit anderen Gruppen konstruieren. Alle Menschen identifizieren sich mit den Leuten, die ihnen ähneln, die ähnlich handeln oder sind wie sie selbst. Diese Identifizierung kann auf die Zugehörigkeit zur gleichen Nation gemünzt sein, zur gleichen sozialen Klasse oder kann die gleichen Leidenschaften wie Fußball, Musik, sexuelle Präferenzen usw. meinen. Die Gruppe ist eine Verlängerung des eigenen Selbst, selbst dann, wenn man sie sich nicht freiwillig ausgesucht hat. Niemand hat sich ausgesucht, in welche Familie er hineingeboren wird, in welchem Land er lebt oder welcher sozialen Schicht er zugehört. Und dennoch nehmen Menschen die Welt an, in der sie tagtäglich agieren. Auch wenn sie diese Welt nicht immer mögen, sie ist ein Teil von ihnen. Wenn sich Menschen nun auf eine Weise benehmen, die man als Angehörige:r der gleichen Gruppe nicht gutheißt, gibt es drei Möglichkeiten, darauf zu reagieren. Man distanziert sich von der Gruppe und ordnet sich damit einer anderen zu. Man deutet das schlechte Benehmen der Gruppe um in etwas Gutes, das von anderen Gruppen schlechtgemacht wird. Oder man sagt, dass diejenigen, die sich schlecht benehmen, nicht zur Gruppe gehören. Sie seien in Wirklichkeit Teil einer anderen Gruppe. In allen drei Fällen geht es darum, die eigene soziale Identität zu erhalten. Man selbst gehört weiterhin zu einer »guten« Gruppe, diejenigen mit dem ärgerlichen Verhalten hingegen zu einer »schlechten« Gruppe. Das eigene Selbstbild bleibt intakt. Zum Selbstbild gehört, Anhänger:innen von Verschwörungstheorien von seiner eigenen Gruppe abzusondern und zu einer eigenen Gruppe zu erklären, zu der man offensichtlich nicht selbst gehört. Dies zeigt sich im Begriff der *Verschwörungstheorie* selbst.

Die Verschwörung als Konzept ist kein gängiger politischer Terminus. Sie kommt vorwiegend in Historiendramen und Fantasyliteratur vor. Der Grund dafür dürfte darin liegen, wie in beiden literarischen Welten Macht organisiert ist, nämlich überwiegend monarchistisch. Monarchistische Macht heißt unmittelbar personelle Macht. Ämter werden aufgrund persönlicher Vorlieben der Monarchin vergeben, politisches Handeln – Krieg oder Frieden – ist von persönlichen, oft egoistischen Motiven abhängig. Doch die Monarchin kann manipuliert werden. Manipulation ist sogar der gemeinhin akzeptable Weg, zur Macht zu gelangen. Sich die Gunst der Königin zu erwerben, meint nichts anderes, als zu tun, was ihr gefällt. Dieses institutionelle Arrangement legt den Grundstein für die Verschwörung. Das äußere Verhalten, das zur Gunst führt, muss nicht mit den inneren Motiven übereinstimmen. Was jemand tut und was jemand denkt, sind zwei verschiedene Dinge. Unter diesen Voraussetzungen ist es immer möglich, dass jemand sich gegen die Monarchin verschwört, indem er sich ihr Vertrauen erschleicht, dabei aber etwas anderes im Schilde führt. Das muss nicht etwas per se Schlechtes sein, da aufgrund der zentralistischen Machtstruktur es keine offiziellen Möglichkeiten zur Beeinflussung, ja vielleicht sogar Kritik an der Machtausübung gibt (ausgenommen der Hofnarr, der »Narrenfreiheit« genießt). Wie bei einem despotischen Familienoberhaupt muss man sich zunächst einschmeicheln, um überhaupt Gehör zu finden. Erst dann lassen sich eigene Interessen überhaupt einbringen. Politik in der Monarchie hat immer etwas Verschwörerisches an sich.

Bildungsbürger:innen

Mit Beginn der Aufklärung vor ca. 250 Jahren setzt ein Bemühen ein, die gerade geschilderten Mechanismen aus dem politischen Betrieb auszuschließen. Vielen Denkern der Aufklärung merkt man einen regelrechten Ekel vor der Monarchie an. Die gegen sie ins Feld geführten diffizilen Abstimmungsverfahren und geheimen Wahlen, an denen sich möglichst viele Menschen beteiligen sollen, dienen vor allem dazu, persönliche Beziehungen zur Macht durchzuschneiden. Dass das nicht immer funktioniert, ist bekannt.

Jede Herrschaftsform verfügt über eine soziale Basis, die sie stützt. Unter jeder Herrschaft gibt es Bauern, aber nur unter der Monarchie gibt es Adelige. Die Aufklärung hat das Bildungsbürger:innentum hervorgebracht. In dieser Gruppe kommt es (vordergründig) nicht auf den Familienstammbaum an. Stattdessen setzt man auf Bildung, die jeder erlangen kann und erlangen können soll. Religiöser Legitimation bedarf es ebenfalls nicht, diese ist eher noch abträglich. Religiöses Denken erscheint der Aufklärung als bequemer Weg, überhaupt nicht zu denken. Bildung heißt dagegen, wissenschaftlichen Erkenntnissen zu folgen, das heißt überprüfbare Kausalitäten zur Grundlage des eigenen Tuns und Handelns zu machen.

Was ist das Bildungsbürger:innentum? Es zeichnet sich weniger durch ökonomische oder politische Macht aus, sondern durch die Anhäufung kulturellen Kapitals, um einen Ausdruck des französischen Soziologen Pierre Bourdieu aufzugreifen. Kulturelles Kapital meint vor allem

Bildung, beginnend mit einer guten Schulbildung. Das Abitur ist dann der Eintritt zur Universität, an der wiederum akademische Abschlüsse wie der Master und akademische Titel wie der Doktor erworben werden können. Diese Abschlüsse und Titel öffnen nicht nur den Zugang zu gut bezahlen Stellen. Mit der Absolvierung der genannten Ausbildungsschritte geht auch die Deutungshoheit darüber einher, was »legitime« Kultur ist: Bildungsbürger:innen kennen sich in Kunst und Literatur aus, sie besitzen wissenschaftliches Allgemeinwissen und verstehen das wissenschaftliche Prinzip von Theorie und Prüfung (dazu später mehr). Daraus ergibt sich eine bestimmte Art zu denken und zu reden, das heißt ein bestimmter sozialer Habitus, wie Bourdieu dies genannt hat.[11] Die selbstsichere Art, mit der Gymnasiasten:innen der Welt begegnen, oder die Freiheit, mit der Studierende neue Mode- und Kulturtrends setzen, sind Ausdruck dieses Habitus. Noch ungelenk in dieser Lebensphase, doch bereits mit dem Bewusstsein ausgestattet, die Welt beurteilen und gestalten zu können, sieht bereits dieser bildungsbürgerliche Nachwuchs seine Aufgabe darin, Kultur zu definieren. Er nimmt bald schon beruflich die Positionen in der Gesellschaft ein, die genau dies ermöglichen. Bildungspläne für Schulen und Universitäten werden von Bildungsbürger:innen gemacht (was in Deutschland dazu führt, dass bei allen Reformen das Gymnasium als bildungsbürgerliche Kaderschmiede unangetastet bleibt). Bildungsbürger:innen arbeiten in der Wissenschaft, in der Justiz, in leitenden Positionen in der Wirtschaft. Sie bestimmen die politische Diskussion: als Politiker:innen, als Lobbyist:innen, als Journalist:innen. Auch jenseits des Berufs sehen sie sich als gestaltende Kraft. Sie besuchen Demonstrationen, unterschreiben Petitionen, setzen sich ehrenamtlich für diese oder jene Sache ein. Eine Bildungsbürger:in lässt sich an der steten Bereitschaft erkennen, über Demokratie zu reden.

Aufklärung bedeutet, nach Verfahren vorzugehen. Zum bildungsbürgerlichen Habitus gehört es deshalb, Emotionen misstrauisch zu betrachten. Proletarische Emotionalität amüsiert, verstört und stößt ab. Eine Bildungsbürger:in wird sich nie ganz unironisch zu Mallorcaurlauben, Karnevalsfeiern oder Kirmesbesuchen verhalten können, auch wenn sie sie selbst in ihrer Freizeit schätzt. Ebenso wird eine Kleinanzeige mit dem flehenden Titel »Junge Mama sucht dringend Wohnung!« zu Argwohn führen. Gefühle, das ist für Bildungsbürger:innen etwas zutiefst Privates. Man lebt sie möglichst nur in einem Kreis von Vertrauten aus, in der Familie, unter Freunden oder mittels Entertainment. Öffentlich hingegen soll es sachlich zugehen. Es soll Verfahren geben, an die man sich hält, Regeln, denen man folgt. Wenn es innerhalb dieser sachlichen Situationen dazu kommt, dass Gefühle gezeigt werden, wenn etwa ein Fehler passiert, dann ist das dem Bildungsbürger eine Erzählung wert: »Und dann haben wir beide gelacht.« In der bildungsbürgerlichen Welt ist Sachlichkeit das Fundament, Emotionen sind Verzierungen, der Blumenschmuck an den festen Wänden, aus denen das Haus gebaut ist.

Unter anderem deshalb lehnt das Bildungsbürger:innentum personalisierte Machtstrukturen und das Gerangel darum als Herrschaftsform ab. Es erkennt darin bloß öffentlich ausgelebte Emotion und kein sachlich legitimiertes Verfahren. Heute lässt es sich gerne davon in seiner Freizeit unterhalten, nämlich in Historiendramen und epischen Fantasygeschichten wie *Game of Thrones*, über die man aber immer mit geschmäcklerischer Distanz spricht. Aber es sieht dieses Buhlen um die Macht nicht als öffentlich legitim an. Monarchie ist für das Bildungsbürger:innentum etwas Gestriges, Abgelebtes und oft auch Albernes. 2019, zu Zeiten des Brexits, machte eine britische Parlamentssitzung Schlagzeilen, während der ein Abgeordneter von seinem Platz aufgesprungen und in die Mitte des Saales gelaufen war, um einen Stock aus einer Halterung zu nehmen und damit wegzurennen. Bei diesem Stock handelt es sich um den »Mace«, einen Zeremonienstab, der im Parlament die königliche Autorität repräsentiert und zu jeder Sitzung in den Parlamentssaal und danach wieder hinausgetragen wird. Ohne diesen Stab kann keine Sitzung stattfinden. Dieses Residuum des Mittelalters, das nur in einer so alten Demokratie wie der englischen vorkommen kann, rief bei ausländischen Beobachtern großes Erstaunen hervor. Trevor Noah, damals Moderator der US-amerikanischen *Daily Show*, brachte die aufgeklärte Sicht leicht ungläubig so auf den Punkt: »It's just a stick.«[12] Die Anwesenheit eines Stücks verzierten Holzes als Grundlage, um eine Parlamentssitzung stattfinden zu lassen, muss aus aufgeklärter Sicht widersinnig erscheinen. Die gewählten Mitglieder müssen anwesend sein, denn sie sind das Parlament. Das sollte doch wohl reichen.

Unsere Soziologie-Podcaster Breitenbach und Schiffer sind Bildungsbürger:innen. Der eine betreibt eine Sendung, die sich mit soziologischen Themen befasst, der andere ist Journalist. Wissenschaft und Journalismus sind Grundpfeiler aufgeklärter Gesellschaften. Breitenbachs und Schiffers Gespräch ist in zweifacher Hinsicht ein Beispiel für eine aufgeklärte Interpretation von Verschwörungstheorien: Verschwörungsanhänger:innen werden erstens als Problem behandelt, für das eine Lösung gefunden werden muss. Das ist ein Grundmodus der Aufklärung. Probleme müssen identifiziert und gelöst werden. Identifiziert wird hier zweitens das Problem, dass die Verschwörungsanhänger:innen der vom Bildungsbürger:innentum präferierten wissenschaftlichen Kausalität nicht folgen. Diagnostiziert wird bei jenen darum eine Art geistiges Hinterherhinken: Zwar denken sie nicht auf religiöse Weise, weil sie Verschwörungen als menschengemacht begreifen, aber sie glauben doch an die Fortexistenz längst überwundener, nämlich monarchistischen Herrschaftsformen. So hat man es leicht, diese Menschen als kindisch und naiv abzustempeln. Eine Erkenntnis über das Phänomen Verschwörungstheorie hat man so aber nicht gewonnen, sondern lediglich einen schalen Triumph für die Aufklärung eingefahren.

Spott

Hier nutzt das Bildungsbürger:innentum seine Bildung zur Häme. Überhaupt ist das Wort *Verschwörungstheorie* ein Spottbegriff. Es setzt sich aus zwei grundsätzlich verschiedenen Begriffen zusammen, und gerade darin liegt der Witz. Denn das soziale Gebilde, das als eine Verschwörung bezeichnet wird, kennt keine *Theorie*. Es kennt den *Verdacht*, den *Plan*, die *Strategie*, die *Mutmaßung*. Worte, die die Dramatik in sich tragen, die jeder Verschwörung zu eigen ist. Teil davon ist auch, dass die Existenz von Verschwörungen niemals ausgeschlossen werden kann. Nie kommt der Verdacht zum Erliegen, dass es irgendwo geheime Machenschaften geben könnte. Menschen streben nach Macht – wie könnte man ausschließen, dass sie sich dafür hinter den Kulissen zusammenschließen?

Theorie meint hingegen etwas anderes. Der Begriff kommt aus der Wissenschaft und bezeichnet ein angenommenes Verhältnis zwischen mindestens zwei Komponenten. Menschen kommen in Theorien nicht vor, auch wenn sie sie zum Thema haben. Sie werden in Theorien zu Subjekten, deren Wahrscheinlichkeit, auf eine bestimmte Weise zu handeln, beschrieben wird. Theorien kennen nur Eigenschaften, Wechselwirkungen und Folgen daraus. Individuelle Persönlichkeiten sind unbekannt. Theorien können entsprechend auf alles angewandt werden: von astronomischen Zusammenhängen, die Milliarden Jahre umfassen, bis hin zu der Frage, wie ein Supermarkt aufgebaut sein muss, damit die Leute möglichst viel kaufen. Anders als beim Verdacht gibt es bei einer Theorie keinerlei Hemmung, sie zu verwerfen. Theorien sind schnell zur Hand. Die Erde ist der Mittelpunkt des Universums. Licht breitet sich durch Äther aus. Lebewesen können Gelerntes an ihre Nachkommen weitervererben. Das alles sind theoretische Annahmen, die plausibel erscheinen und doch widerlegt wurden. Denn Theorien müssen begründet und können daher – durch Experimente und weitere Forschung – überprüft werden, was mitunter sehr aufwendig ist. Ein fünfzig Seiten langer wissenschaftlicher Artikel stellt vielleicht nur auf einer halben Seite eine Theorie vor und verwendet die restlichen Seiten dafür, sie zu begründen. Bei sehr vielen Theorien gelingt dies nicht. Sie erweisen sich als nicht tragfähig und werden verworfen. Die Erde ist Teil des Universums, aber nicht ihr Mittelpunkt. Es gibt keinen Äther. Lebewesen entwickeln sich durch natürliche Selektion, nicht durch einzelne Vererbungen. Eine Theorie ist deshalb kein Fundament, auf dem sich gleich aufbauen lässt. Sie ist ein Konzept, um mit Überlegungen zu beginnen. Die Formulierung »Es ist nur eine Theorie …« spiegelt das.

Theorie, als ein Modus der Erkenntnis, stößt nun mit Blick auf die *Verschwörung* an eine Grenze. Nachweisbar mag sein, dass es eine konkrete

Verschwörung gibt. Aber niemals lässt sich mit Sicherheit sagen, dass es keine Verschwörung gibt. Vielleicht wurde sie einfach noch nicht aufgedeckt. Die Verschwörung steht immer als bedrohliche Möglichkeit im Raum, eine Theorie, dass es sie gibt, ist daher nicht widerlegbar. In den Augen von Bildungsbürger:innen ist das reiner Nonsens. Sie kennzeichnen mit dem Begriff *Verschwörungstheorie* absurdes Denken. Das ist der eigentliche Zweck des Begriffs. Dieses Denken ist voraufgeklärt und ruft im Bildungsbürger:innentum Verständnislosigkeit hervor, die sich in Spott und Schmähungen ausdrückt. Schiffers »Analyse« des psychologischen Zustands der Verschwörungstheoretiker:innen gibt diese Verständnislosigkeit wieder. Nun muss an dieser Stelle erwähnt werden, dass sein Gegenüber Breitenbach im Gespräch einwendet, dass ›Verschwörungstheorie‹ eigentlich kein geeigneter Begriff sei – eben weil eine Theorie widerlegt werden könne und das gerade bei den sogenannten Verschwörungstheorien nicht der Fall sei. Besser sei es daher, Begriffe wie ›Verschwörungsideologie‹ oder ›Verschwörungserzählung‹ zu verwenden. Dem ist zuzustimmen und entsprechend haben sich die Begriffe in jüngerer Zeit im öffentlichen Diskurs durchgesetzt. Beide Begriffe sind ehrlich insofern, als die *Ideologie* die politische Bedrohlichkeit von Verschwörungsanhänger:innen betont, während die *Erzählung* begrifflich den Weg dafür ebnet, innerhalb des verschwörungstheoretischen Denkens die Verschwörung als eine *Geschichte* zu behandeln. Bemerkenswert ist an dieser Stelle der Zeitpunkt, an dem eine solche Kritik Früchte trägt. Sie kommt spät. Das Label Verschwörungstheorie hat bereits seine begriffliche Funktion erfüllt, Verschwörungsdenken im allgemeinen Bewusstsein als kindlich-naives Verhalten zu brandmarken. Nachdem nun jeder weiß, was es mit diesem Denken auf sich hat, kann die Bezeichnung geändert werden. Dabei wird jedoch der ausschlaggebende Punkt – der naive Glaube an eine »Verschwörung« – beibehalten und damit der Haupteinwand: Diese Leute denken und handeln voraufgeklärt.

3. Drama

Der Begriff ›Verschwörung‹ hat in unserem Kontext aber nicht bloß eine abwertende Note. Er trifft durchaus etwas, nämlich die Dramatisierung des Alltags im Denken der Verschwörungstheoretiker. Dramatisieren bedeutet hier, Ereignisse oder Situationen so zu übertreiben, dass sie eine starke emotionale Reaktion hervorrufen. Es ist keine nüchterne Beschreibung der Realität; wer dramatisch beschreibt, erzählt eine Geschichte. Das Abpumpen von Kinderblut in Pizzerien, der Einbau von Computerchips in die Hirne von Menschen, die sich impfen lassen wollen, der große Austausch von Bevölkerungsgruppen – das sind ohne Zweifel packende Geschichten. Wie beinahe alle Geschichten lassen sie sich einem bestimmten Genre zuordnen. In diesem Fall ist es der *Thriller*.

Thriller

Der Thriller ist dem Krimi ähnlich, unterscheidet sich aber mit Blick auf den Zeitpunkt, an dem die Geschichte einsetzt. Der Krimi beginnt für gewöhnlich, *nachdem* ein Verbrechen begangen wurde. Ein Mensch ist tot, ein Tresor ist leergeräumt. Die Ermittlungen der Polizei beginnen. Bei Krimis mit einem Privatdetektiv in der Hauptrolle unterscheidet sich die Konstruktion der Geschichte meist etwas, aber auch bei dieser Profession geht es im Wesentlich darum, einen Fall zu lösen. Der französische Soziologe Luc Boltanski argumentiert in seinem Buch *Rätsel und Komplotte. Kriminalliteratur, Paranoia, moderne Gesellschaft*[13], dass der Krimi zu einer Zeit populär wird, in der sich die moderne Gesellschaft gefunden hat. Das System der Aufklärung ist installiert, die Bürokratie regelt die Welt. Die Aufklärung ist von Idealen geleitet. Ihre Realisierung in Form von Bürokratie ist von der Vorstellung idealer Verfahren geleitet. Ereignisse sollen regelgeleitet geschehen, sie sollen sich in die Zukunft voraussagen und aus der Vergangenheit nachvollziehen lassen. *Legitimation durch Verfahren* hat das Niklas Luhmann genannt. Verbrechen werden als eine Störung im System wahrgenommen. Sie sind das Gegenteil eines regelgeleiteten Verfahrens. Boltanski sieht deshalb im professionellen Ermittler:in eine Figur, in der sich die aufgeklärte Gesellschaft ihrer selbst versichert. Was das Publikum sieht, wenn es einen Krimi schaut, ist die (zumeist) staatliche Lösung eines Problems. Wenn am Ende die Handschellen klicken, ist die Normalität wiederhergestellt.

Im Mittelpunkt des Thrillers steht ebenfalls das Verbrechen, er setzt aber zeitlich anders an. Der Thriller verschafft dem Publikum den namensgebenden Thrill dadurch, dass das Verbrechen erst stattfindet. Es ist bislang nicht geschehen, zumindest nicht in seinem vollen Ausmaß. Das hat Auswirkungen darauf, wer die Protagonist:innen sind. Dadurch, dass die Tat erst gerade geschieht, kann es keine professionelle Ermittlung geben. Stattdessen wird jemand zum Protagonisten, der zufällig vor Ort ist. Er tritt häufig in die Geschichte ein, weil ihm eine Information in die Hände fällt. Das kann der Fund eines Dokumentes sein, eine Beobachtung oder ein Missgeschick, wie das Öffnen der falschen Tür in der Pizzeria. Ist dies geschehen, ist eine Entscheidung erforderlich: die Beobachtung ignorieren oder ihr nachgehen. Auch das ist ein entscheidender Unterschied zu professionellen Ermittler:innen, die ermitteln müssen, weil das nun einmal ihr Beruf ist. Damit aus dem Thriller ein Thriller wird, geht die Protagonist:in für gewöhnlich der Beobachtung nach und taucht nun in das Problem ein. Vor ihr steht die Aufgabe, ein Verbrechen zu verhindern und zu beenden. Anders als die Kriminalbeamten ist sie für diese Aufgabe nicht ausgebildet und erfüllt in der Gesellschaftsordnung der Geschichte keine Funktion, die bei der Lösung des Problems dienlich wäre. Alles, was sie hat, ist das Wissen darüber, dass etwas geschieht. Doch niemand sonst verfügt über dieses Wissen, weder ihre Familie noch die Kollegen noch die offiziellen Stellen. Daraus ergeben sich Spannungen. Die Menschen um sie herum erklären die Protagonist:in, je nach Verhältnis, für überspannt, urlaubsreif, wichtigtuerisch, inkompetent oder für verrückt. Die soziale Umwelt bestreitet sogar, dass es ein Problem, wie es die

Protagonist:in schildert, überhaupt geben kann. Es ist schließlich blanker Wahnsinn anzunehmen, prominente Politiker:innen würden Kindern im Keller einer Pizzeria Blut entnehmen, um sich selbst zu verjüngen. Kein Plan kann ernst genommen werden, dem zufolge die Bevölkerung gegen eine andere ausgetauscht werden soll, damit eine Elite rückhaltlos regieren kann. Diese Szenarien sind so weit entfernt von den üblichen Problemen, mit denen die Gesellschaft sonst konfrontiert ist, dass die gewöhnlich zuständigen sozialen Systeme es nicht wahrnehmen können. Die Protagonist:in ist somit von den gewöhnlichen Verfahren, mit denen Probleme gelöst werden, abgeschnitten. Die offiziellen Stellen glauben ihr nicht, ihre Familie glaubt ihr auch nicht. Eigentlich könnte sie sich auch wieder ihrem Alltag zuwenden. Eigentlich will sie auch genau das: Sie will keine Heldin sein. Doch wenn sie nichts unternimmt, passiert das Undenkbare. Ein Verbrechen wird geschehen, die Welt wird nie wieder so sein wie zuvor. Sie muss also handeln, nicht aus sachlichem Wissen heraus (das sie nicht hat), sondern aus einem emotionalen Impuls. Alles, was ihr bleibt, sind ihre eigenen Emotionen, die ihr sagen, dass sie das Verbrechen verhindern muss, damit alles so bleibt, wie es ist. Die emotionale Energie treibt nicht nur die Protagonist:in an. Sie ermöglicht ihr auch, unverhoffte Mitstreiter:innen zu gewinnen: der befreundete Kollege, der an den Rand gedrängte Experte, die zweifelnde Funktionärin – all diese Figuren tauchen auf, um mit der Hauptfigur das Problem gemeinsam anzugehen (denn es braucht trotz allem immer auch den Sachverstand). Diese wichtigen Verbündeten, ohne die das Verbrechen nicht zu verhindern ist, können überzeugt werden, weil die Protagonist:in so emotional und damit authentisch ist. Ihre Gefühle werden nicht zu einem Hinderungsgrund, sondern sie sind der einzige Weg zur Lösung. Wir als Publikum erleben dieses Geschehen mit. Wir glauben an die Heldin, weil wir gesehen haben, was sie gesehen hat, und über das gleiche Wissen verfügen. Wir sind mit der Protagonist:in zu Blitzexperten geworden, was alle anderen zu Laien macht. Und weil Laien laienhaft handeln, können wir auch die Ablehnung des sozialen Umfeldes verstehen. Wenn der Vorgesetzte der Protagonist:in einen

Blick zuwirft, der klar besagt, dass er an ihrem Verstand zweifelt, können wir das verstehen. In der normalen Welt ist das ein naheliegender Schluss. Doch normal ist die Welt längst nicht mehr, der Vorgesetzte liegt falsch.

Die Protagonist:in hat also einen Kreis von Vertrauten um sich geschart, der entschlossen ist, das Verbrechen auf eigene Faust zu verhindern. Auch hier ist die emotionale Energie der Protagonist:in wichtig. Sie lernt über sich selbst, dass sie mutiger ist, als sie gedacht hat. Sie lernt, dass sie sich auf andere Menschen verlassen kann. Und sie lernt, dass auch die Gesellschaft das anerkennt. Es kommt der Moment des Showdowns, in dem das Verbrechen in letzter Sekunde abgewendet werden kann. Endlich gelangt das vorher nur der Protagonist:in vorbehaltende Wissen auch an die Öffentlichkeit und diese feiert sie für ihren Heldenmut. Die Stadt, die Polizei, die Universität oder welche Institution auch immer an einem früheren Punkt der Geschichte eine Rolle gespielt hat, ehrt sie in einer Feier. Wir hören einen Reporter in höchsten Tönen von der Held:in schwärmen. Wir sehen, wie die Vorgesetzten, dieselben, die der Held:in zu einem früheren Zeitpunkt die kalte Schulter gezeigt haben, ihr nun Anerkennung zollen, sie als Vorbild preisen und sie oft auch befördern. Inmitten der Feierlichkeiten treten auch die Kolleg:innen, die Freund:innen und die Familie an die Held:in heran und entschuldigen sich für das Unrecht, das sie ihr angetan haben. Jetzt erst erkennen sie, wie falsch sie lagen, und erst jetzt sehen sie die Held:innenhaftigkeit eines Menschen, den sie immer unterschätzt haben. Vielleicht folgt noch ein Kuss mit der Mitstreiter:in, dann der Abspann.

Wir als Publikum treten aus der Geschichte emotional geschlossen heraus. Wir haben eine Entwicklung durchgemacht: zu Beginn interessiert, dann durch die Ablehnung der Umwelt aufgeregt, dann gespannt, wie sich das Problem lösen lässt, und dann werden wir mit einem wohligen Gefühl entlassen, dass die Welt wiederhergestellt ist. Das aufgeklärte System hat sich auf diese Weise erneuert: Wir haben eine emotionale Achterbahnfahrt erlebt, die jedoch keine Konsequenzen in unserer Realität hat. Wir haben uns in unserer Freizeit unterhalten lassen und können am nächsten Morgen wieder zur

Arbeit gehen, wo die Dinge nicht so sind »wie im Film«.

Eintauchen

Bei Anhänger:innen von Verschwörungserzählungen ist das anders. Sie wähnen sich selbst in einem Thriller. Sie haben vom Publikum in die Erzählung gewechselt, die falsche Tür in der Pizzeria aufgemacht. Verschwörungsannahmen funktionieren immer auf diese Weise: Die Verschwörungen sind eigentlich streng geheim, lassen sich aber dennoch erkennen, wenn man nur kritisch genug hinschaut. Die massenhaft im Internet kursierenden Analysen der Filmaufnahmen vom 11. September 2001 sind dafür ein Beispiel. Eine Staubwolke, die an der Seite eines der Twin Tower austrat, soll den Schluss erlauben, dass kontrollierte Sprengungen innerhalb des Gebäudes stattgefunden haben. Auch das Stahlskelett der Gebäude hätte durch das Auftreffen der Flugzeuge nicht vollständig kollabieren dürfen. Irgendwer muss also seine Finger im Spiel gehabt haben. Diese

Thesen wurden nicht von Expert:innen vorgebracht, sondern von Dylan Avery, einen Amateurfilmer, der mit seinem *Loose Change* betitelten Film über 9/11 eine der erfolgreichsten im Internet publizierten Dokumentationen produziert hat.[14] Avery hatte ursprünglich einen Spielfilm über den 11. September drehen wollen, bis ihn die »Fakten« zum Dokumentarfilm drängten. Eigentlich hatte er sich eines emotionalen Themas annehmen wollen, stieß jedoch auf ein (für ihn) wirkliches Verbrechen. Das Wissen darum musste er weitergeben und nutze als Kanal dafür das Internet, das damals und heute noch immer im Ruf steht, nicht von den Mächtigen kontrolliert werden zu können. Dass der Film über das seinerzeit tatsächlich noch weit weniger regulierte Internet Verbreitung fand, hat sicher dazu beigetragen, dass ihn eine Aura der Enthüllung umgab. Verschwörungstheoretische Wortmeldung aller Art arbeiten häufig mit dem Gestus der Demaskierung, Entlarvung und Entschleierung. Das passt zur dramatischen Ausrichtung des Phänomens.

Enthüllungen brauchen jemanden, der enthüllt. Verschwörungsideologische Milieus ziehen deshalb allerlei schillernde Figuren an. Ein Beispiel aus Deutschland ist Attila Hildmann. Hildmann behauptete während der Corona-Pandemie laut der *taz*[15] und der *Frankfurter Rundschau*[16], dass Angela Merkel gemeinsam mit Bill Gates einen Völkermord an Milliarden von Menschen plane. Weiter sehe der Plan der damaligen Kanzlerin und des Microsoft-Milliardärs vor, Menschen in Käfige zu sperren und sie mittels einer »RNA-Giftspritze« oder per »Kugel« umzubringen. Hildmann ist von Berufs wegen Gastronom, er betrieb zu dieser Zeit mehrere Restaurants. Heißt: Funktionsträger mit hoher *security clearance*, die ihm legitimen Zugang zu solcherart Informationen gegeben hätte, war er kaum. An die Informationen ist er also wie der Held im Thriller gekommen: zufällig oder durch waches Hinschauen auf das Offensichtliche. So kann er seine Mitmenschen vor der Gefahr warnen. Er ist der Held in einem Thriller.

Verschwörungsideolog:innen sehen das Verbrechen – und damit auch die Verbrecher:innen, also die Bösen in ihrer Geschichte. Insofern ist Michael Butter zuzustimmen, dass Verschwörungstheorien stets in Gut und Böse einteilen[17]:

einerseits die Verbrecher, die Böses im Schilde führen, und andererseits diejenigen, die der Verschwörungstheorie anhängen, also die Guten, die das Verbrechen bekämpfen. Der Rest der Welt ist unwissend, ja sogar unfähig, die Machenschaften zu erkennen, die sich hinter seinem Rücken, teils aber sogar direkt vor seiner Nase abspielen. Verschwörungsideolog:innen sehen und spüren die Ignoranz ihrer Umgebung, die sie für verrückt und egozentrisch, mitunter für rassistisch und antisemitisch erklärt. Und sie wissen, dass alle anderen – die Medien, die Politik, die Kolleg:innen und die Verwandtschaft – nicht sehen können, was sie selbst sehen. Diese Menschen haben die Hoffnung, dass sie das Unausdenkbare verhindern können und dass dann die Welt ihre Fehler einsehen und alles gut wird. Dem Selbstverständnis nach wollen sie diese Rolle nicht, leiden gar unter ihr. Aber sie müssen tun, was sie tun müssen. Weil es sonst keiner tut.

Anders als oft suggeriert, sind Verschwörungsanhänger:innen keine Radikalen im klassischen Sinne des Wortes. Radikale Kräfte wollen meist eine neue Ordnung errichten.

Verschwörungsanhänger:innen hingegen wollen Normalität, ihnen geht es nicht um die Errichtung einer anderen Welt. Im Gegenteil: Sie warnen davor, dass eine neue Welt errichtet wird. Ihnen geht es um die Bewahrung der alten Welt, die sie als bedroht wahrnehmen. Eigentlich wollen sie nur ihren Alltag bestreiten, aber das ist unter den gegebenen Umständen nicht länger möglich. Sie haben versucht, auf die Entwicklungen hinzuweisen: Diskussionen wurden angeregt, Briefe und E-Mails wurden geschrieben, alles ohne Erfolg oder mit dem Ergebnis, dass sie verlacht oder für verrückt erklärt wurden. Was also tun? Den Kopf in den Sand stecken? Mit der Masse mitlaufen? Ist das nicht genau das Gegenteil von dem, was von Staatsbürger:innen in einer Demokratie erwartet wird? Probleme sollen doch benannt werden, auch wenn es schmerzhaft ist. Erst dann können sie gelöst werden. Auszusprechen was ist, das macht diese Menschen zu Held:innen der Aufklärung. Hieraus speist sich das Ermächtigungsgefühl der Verschwörungsanhänger:innen, die unbedingt davon ausgehen, im Recht zu sein und alle gängigen Annahmen und Verfahren als falsch deklarieren zu können. Dieses Gefühl ist das Ergebnis der Erkenntnis, dass der Rest der Welt blind ist. Es ist dieselbe Rechtfertigung, die auch dem Helden eines Thrillers erlaubt, ohne Rücksicht auf Verluste mit dem Motorrad durch ein Einkaufszentrum zu jagen, um die Bösen nicht entkommen zu lassen. Was dieser Mensch gerade tut, ist gerechtfertigt, wenn man den Zusammenhang kennt. Doch den kennen natürlich die Kund:innen des Einkaufszentrums nicht und sind entsprechend entsetzt, schockiert, verängstigt – was beim Publikum zu Heiterkeit führt: Jeder würde schließlich genauso denken, wenn er es nicht besser wüsste. Doch es ist nicht nur das Mehrwissen, das die Verschwörungsanhänger:innen über die Dinge stellt. Es ist auch die Verantwortung, die sie zum Handeln verpflichtet. Das Verbrechen im Thriller ist immer außergewöhnlich, eigentlich unausdenkbar. Im James-Bond-Film *Goldfinger*[18] von 1964 brechen seine Geldgeber in Lachen aus, als Bösewicht Auric Goldfinger ihnen den Plan eröffnet, Fort Knox ausrauben zu wollen. Das Vorhaben ist so abwegig, dass es lächerlich ist. Die Dinge, von denen eine Verschwörungsideolog:innen wissen, sind, wie das Wissen der Thriller-Protagonist:innen, so unwahrscheinlich und bizarr, dass sie unwahr erscheinen müssen. Die bestehenden sozialen Systeme sind nicht darauf vorbereitet oder darauf ausgelegt, weltweite Verschwörungen zu erfassen, einen Bevölkerungsaustausch zu registrieren oder geplante Massenmorde durch die Regierung zu erkennen, geschweige denn zu verhindern. Menschen in Systemen sind viel zu sehr mit der geltenden Realität aus Regeln, Vorschriften und Verfahren beschäftigt, um über ihren Horizont sehen zu können. Je unrealistischer die Vorgänge sind, desto mehr kommt es deshalb auf Menschen an, die sich nicht (mehr) in den Systemen befinden, die eigentlich für die Bearbeitung von gesellschaftlichen Problemen zuständig wären. Nur sie erkennen, was geschieht, und werfen ihrer Umwelt genau das vor, was sie ihnen vorwirft: naiv zu sein.

In Thrillern kommt der Moment, an dem die Heldin sich ihrer gesellschaftlichen Rolle entledigen muss, um die Gesellschaft zu retten. Die Journalistin muss in ein Büro einbrechen, um an Dokumente zu kommen, die sie dringend benötigt. Die Gruppe um die Heldin muss sich als Militärs verkleiden, um an den Wachposten vorbeizukommen. Ähnliches glauben auch die Verschwörungsanhänger:innen tun zu müssen. Michael Fritsch, von Beruf Kriminalhauptkommissar, hielt am 20. August 2020 in Dortmund eine Rede auf einer Querdenkerdemonstration.[19] Er stellte sich zu Beginn mit seinem vollen Namen und Beruf vor, protestierte dann gegen die Corona-Maßnahmen, zog Parallelen zur NS-Zeit und forderte seine Kolleg:innen auf, eher ihrem Gewissen als offiziellen Anweisungen zu folgen. Fritsch setzte in diesem Moment seine Karriere aufs Spiel und wurde einige Jahre später auch tatsächlich aus dem Polizeidienst entlassen. Der Bezug auf die NS-Zeit setzte sich fort, als bei einer weiteren Querdenkendemonstration am 21. November 2020 in Hannover eine junge Frau die Bühne betrat, sich als »Jana aus Kassel« vorstellte und sich in ihrer Rolle bei den Corona-Protesten mit Sophie Scholl verglich: »Ich fühle mich wie Sophie Scholl, da ich seit Monaten hier aktiv im Widerstand bin, Reden halte, auf Demos gehe, Flyer verteile und auch seit gestern Versammlungen anmelde.« Sie führte weiter aus: »Ich bin 22 Jahre alt, genau wie Sophie Scholl, bevor sie den Nationalsozialisten zum Opfer fiel.«[20] Aus dem beschriebenen Thriller-Kontext heraus sind Fritsch und Jana Held:innen. Vor allem Fritsch zeigte den Mut, seine Karriere und seine Pensionsansprüche (er war zu diesem Zeitpunkt 57 Jahre alt) für die »Wahrheit« aufs Spiel zu setzen. Wobei wohl zur Wahrheit eher gehört, dass es obszön ist, einen Vergleich zwischen dem Sprechen auf einer verfassungsmäßig garantierten Demonstration und dem Widerstand in einer Diktatur zu ziehen.

Das Drehbuch eines Thrillers könnte mit einem Auftritt wie dem von Fritsch oder von ›Jana aus Kassel‹ beginnen. Da so gut wie keine Filmgeschichte sich auf die Seite der Diktatur und die Seite der Unterdrückung freier Rede stellt, wüsste das Publikum direkt, um welche Sorte von Film es sich handelt: um einen Thriller, der in einer autoritären Gesellschaft spielt, oder ein Sozialdrama, das den geistigen und gesellschaftlichen Verfall von Fritsch und die Verwirrung von Jana zeigt. Letztere Geschichte wäre dann eine Variation über den ärgerlichen Menschen, der sich in etwas hineingesteigert hat und schlussendlich nur Mitleid verdient. In beiden Fällen teilen Fritsch und Jana als Thriller- oder tragische Held:innen mit ihren fiktiven Spiegelbildern eine wichtige Gemeinsamkeit: Das Problem ist so drängend, die Katastrophe so nahe, dass überhaupt keine Zeit bleibt, die normalen Verfahren einzuhalten, auch wenn sie es wollten. Das Schlimme geschieht jetzt und wenn noch länger gewartet wird, ist es zu spät. Der Impfstoff wird jetzt ausgeteilt, die Flüchtlingswelle ergießt sich jetzt gerade über Europa und Deutschland, die Demokratie geht in diesem Moment unter. Auch wenn es eine offizielle Stelle gäbe, an die man sich wenden könnte – Fritsch ist immerhin Polizist –, es würde einfach zu lange dauern. Denn wir befinden uns nicht mehr im Normalzustand, es herrscht der Ausnahmezustand. Und weil das alles so ist, spielen Systeme, deren Regeln und die Konsequenzen daraus für Verschwörungsideolog:innen eine begrenzte Rolle. Sie treten deshalb aus ihren beruflichen und sozialen Rollen heraus und sind argumentativ immer weniger zu erreichen. Denn alle Einwände, Erklärungen und Beweise entspringen einer normalen Welt, die für sie nicht länger besteht. Die Menschen der normalen Welt verfügen nicht über das nötige Wissen, um zu begreifen, was vor sich geht, und können deshalb nicht angemessen handeln. Verschwörungsideolog:innen aber haben genau dieses Wissen, was sie – im Gegensatz zum Rest der Gesellschaft – zu Expert:innen werden lässt und ihren Handlungen Sinn verleiht, auch wenn ihnen klar ist, dass dieses Wissen nicht anerkannt wird. Das verstärkt gleichsam die Erfahrung: Gerade weil ihr vermeintliches Exklusivwissen nicht als gültig akzeptiert wird, können sie sich als Expert:innen fühlen, ihre Position übersteigt die der gewöhnlichen Bürger:innen. Als Expert:innen für ein Wissen aber, dessen Existenz von der Mehrheit in Zweifel gezogen wird, müssen sie sich entsprechend einen Weg verschaffen, dieses Wissen zu einer Reputation zu verhelfen. Dazu können Menschen mit Doktor- oder Professorentiteln dienen, die sich der Verschwörer:innenszene angeschlossen haben und bei Protesten immer gern in den Vordergrund gestellt werden. Sie repräsentieren einen Anschluss an das offizielle Wissen und man erhofft sich darüber die Anerkennung des eigenen Spezialwissens. Innerhalb der Gruppe der Verschwörungsideolog:innen erfüllen diese Expert:innen die Rolle der Sachverständigen, die es auch im Thriller gibt: den Experten für obskure Kulte, für russische Waffensysteme, für das Kanalisationslabyrinth unter der Großstadt. Sie dienen als Ankerpunkte für die Held:innen, deren Stärke es aber vor allem ist, emotional zu handeln, die aber ansonsten eben kein fachliches Repertoire haben.

Kausalitäten

Der amerikanische Politikwissenschaftler Michael Barkun definiert drei Merkmale von Verschwörungstheorien: Nichts geschieht durch Zufall, nichts ist wie es scheint, alles ist miteinander verbunden.[21] Diese Definition trifft gleichwohl auf beinahe jede Form von Erzählung zu. Anton Tschechow wird das Zitat zugeschrieben: »Wenn im ersten Akt ein Gewehr an der Wand hängt, dann wird es im letzten Akt abgefeuert«. Gemeint ist damit ein Kausalzwang, der jede Geschichte zusammenhält. Jede Handlung in einer Geschichte hat ein klares Motiv, jede Situation eine klare Ursache und eine offensichtliche Folge. Ist dem nicht so, erreicht die Geschichte das Publikum nicht. Um eine emotionale Bindung an den Stoff entwickeln zu können, muss das Publikum verstehen, was vor sich geht, muss eben klare kausale Zusammenhänge erkennen können.

Verschwörungstheoretiker:innen tauchen in eine Geschichte ein, aus der auszusteigen nur noch unter großen Anstrengungen möglich ist. Weniger weil sie psychisch dazu nicht mehr der Lage sind, sondern weil die Welt der Geschichten, im Gegensatz zur Realität, aus strengen Kausalzusammenhängen besteht. In dieser Welt gibt es keine Zufälle, keine Unklarheiten, Versäumnisse oder unbedachte Nebenwirkungen: Alles bezieht sich aufeinander. Die Entstehung und der Verlauf der Corona-Pandemie ließe sich zum Beispiel in fünf kausalen Schritten beschreiben[22]: (1) Das Virus wird künstlich erschaffen, (2) es wird absichtlich verbreitet, (3) die Gefährlichkeit wird aufgebauscht, um Panik zu schüren, (4) Maßnahmen wie der Lockdown, die dazu dienen, die Bevölkerung zu unterdrücken, werden in dieser Atmosphäre möglich, (5) durch die allgemeine Impfpflicht werden

Mikrochips in die Körper der Bevölkerung gepflanzt. Die neue Weltordnung beginnt.

Im Thriller sehen wir die Protagonist:innen nie etwas anderes tun, als im Kausalzusammenhang der Geschichte notwendig ist. Wir sehen den Kommissar nicht vor dem Fernseher entspannen oder bei der Segeltour mit einem alten Freund. Schon das kleinste Austreten aus der unmittelbaren Geschichte ist ein Mangel in den Augen der professionellen Filmkritik.[23] Entsprechend lässt sich auch bei den Anhänger:innen von Verschwörungstheorien der ständige Versuch beobachten, Vorgänge in der Welt mit dem Thriller-Narrativ, in dem sie sich befinden, in Beziehung zu setzen. Wenn etwa das Weltwirtschaftsforum (WEF) eine Initiative mit *The Great Reset / Der Große Umbruch* übertitelt, wird das als Verkündung einer neuen Weltordnung verstanden.

Von den Soziolog:innen William Isaac Thomas und Dorothy Swaine Thomas stammt der Satz: »Wenn Menschen Situationen als real definieren, so sind auch ihre Folgen real.« Dieses Prinzip wenden Verschwörungsanhänger:innen an. Sie versichern einander, dass der Thriller, in dem sie sich zu befinden meinen, auch wirklich stattfindet.

Das müssen sie tun, denn die Gefahren, mit denen die Protagonist:innen eines Thrillers konfrontiert sind – Verfolgungsjagden, Mordversuche, Einschüchterungen – finden in der Realität nicht statt. Die äußere Bedrohung muss durch eine interne Beteuerung ersetzt werden.

Soziale Medien sind hierfür der ideale Kanal. Hier können Meinungen ungehindert kundgetan, diese unterstützend kommentiert und die Weltlage sowie politische Ereignisse aus Thrillerperspektive interpretiert werden. Auf diese Weise unterstützen sich die Anhänger:innen aber nicht nur gegenseitig, sondern kontrollieren sich auch. Sich regelmäßig an der Konversation zu beteiligen und noch die banalsten Ereignisse auf ihre Verknüpfung zum Verschwörungsnarrativ abzuklopfen, signalisiert, dass man immer noch Teil der Sache ist. Das ist von großer Bedeutung, denn ein Nachlassen würde bedeuten, die Bösen gewinnen zu lassen – im Film wie in der Realität. Es heißt, sich selbst und seine kleine Welt über die große Welt und das Schicksal der Menschheit zu stellen.

4. Sachlichkeit

Zusammenfassend ergibt sich folgendes Bild: Es gibt eine Gruppe von Menschen, die sich in eine fiktive Welt flüchten, in der sie sich handlungsmächtig fühlen können und die nur um sie selbst kreist. Wohingegen eine andere Gruppe, das Bildungsbürger:innentum, davon sehr beunruhigt ist. Es versteht diese Flucht nicht und reagiert mit Hierarchisierung, nämlich ihrer eigenen Wissensordnung über diejenige der ersten Gruppe. Als Vertreter:innen der Aufklärung ist dem Bildungsbürger:innentum daran gelegen, dass Bildung, Wissenschaft und eine freie Presse in der Gesellschaft einen möglichst großen Einfluss haben. Paradox ist aber doch wohl, eine freie und offene Gesellschaft zu fordern, aber abweichende Meinungen nicht zu tolerieren. Was passiert hier?

Die Aufklärung beruht auf Sachlichkeit. Unter Sachlichkeit versteht man den Fokus auf Fakten und Vorgänge, die sich nachvollziehen und nachprüfen lassen. Auf dieser Sachlichkeit sind die Systeme aufgebaut, durch die die Gesellschaft organisiert ist bzw. sich selbst organisiert. Niklas Luhmann hat in seiner Systemtheorie anschaulich geschildert, dass Großsysteme wie das Wissenschafts-, das Wirtschafts- oder das Justizsystem nach ihrer jeweils eigenen Logik funktionieren. Für das Wirtschaftssystem hat nur Relevanz, ob es zur Zahlung von Geld kommt oder nicht. Es ist gleichgültig, ob sich der Mensch an der Kasse im Supermarkt und die Kund:in sympathisch sind, solange Geld gegen Ware über den Ladentisch geht. Menschen in ihren je individuellen Eigenheiten spielen in diesen Vorgängen keine Rolle. Sie sind Subjekte, die nach den Regeln des jeweiligen Systems funktionieren müssen (man muss ausreichend Geld haben, um sich etwas kaufen zu können). Im Rechtssystem hingegen wird nach der Leitunterscheidung rechtmäßig/unrechtmäßig gearbeitet. Sämtliche juristische Operationen basieren auf dieser Unterscheidung. Dadurch ist es aus Sicht der Justiz zunächst einmal gleich zu bewerten, ob jemand falsch parkt oder einen Mord begeht. Beides ist unrechtmäßig und wird mit einer angemessenen Strafe belegt. Es ist ebenfalls gleichgültig, *wer* falsch parkt oder einen Mord begeht.

Im Wissenschaftssystem wiederum verläuft die Grundunterscheidung zwischen wahr und unwahr. Wissenschaft kommt es darauf an, Wahrheit zu produzieren. Studien, Experimente und logische Schlussfolgerungen zielen darauf ab, die Wahrheit ans Licht zu bringen. Deshalb werden Theorien so oft verworfen: Sie sind lediglich Möglichkeiten einer Wahrheit.

Die wichtigsten Vorgänge in unserer Gesellschaft sollen möglichst planbar, möglichst reibungslos und störungsfrei verlaufen. Menschen sollen in diesen Systemen eine verlässliche Grundlage für ihr Leben finden, eine Sicherheit, dass B passieren wird, wenn vorher A geschieht. Das Leben soll nicht eine Frage menschlicher Willkür, sondern – im wahrsten Sinne des Wortes – systematischer Verlässlichkeit sein. Dem ist natürlich nicht so, zumindest nicht uneingeschränkt. Systeme sind niemals perfekt. Nie wurde jedes aufkommende Problem bedacht, nie interagieren alle Komponenten perfekt miteinander und schlussendlich werden gesellschaftliche Systeme durch Menschen betrieben, das heißt, Vorteile, Vorurteile und Bequemlichkeiten spielen stets eine Rolle. Das ist die Realität, die jeder Mensch erlebt. Und zugleich ist es die Irrealität, über die sich jeder Mensch aufregt. Auch wenn wir es gerne relativieren: aufgeklärte Menschen wollen an das perfekte System glauben.

Systemglaube

Dass im Wirtschaftssystem nur Geldfluss eine Rolle spielt, ist offensichtlich und doch immer wieder schwer zu ertragen. Die Unmenschlichkeit, die das System des Kapitalismus definitionsgemäß in sich trägt, wird immer wieder beklagt, kritisiert oder – wenn wir selbst die Früchte dieses Systems in Form von Produkten genießen – gedanklich beiseitegeschoben. Das scheint eine natürliche Reaktion auf unmenschliches Vorgehen zu sein. Erinnert sei an das Thriller-Narrative in *Coma,* welches nur in einem kapitalistischen System Sinn ergibt: Es leuchtet Menschen ein, dass ihnen in einem Krankenhaus Organe ohne ihre Zustimmung entnommen werden könnten. Nicht, weil es zwangsläufig so kommen muss, sondern weil das kapitalistische System die Eigenschaft besitzt, vollkommen sachlich, emotionslos, ja amoralisch auf jeden Sachverhalt angewandt werden zu können. Wo es nicht um Zahlung geht, besteht kein Wirtschaftssystem. Doch was verlangt man von einem System, das per se nur Zahlung/Nichtzahlung zum Programm hat? Oder anders: Wie sollten sich Solidarität, Rücksichtnahme oder die Verfügbarkeit von Zeit in diesem Binär-Programm ausdrücken lassen?

Das Rechtssystem ist ebenfalls kein rein neutrales Geschehen, bei dem ganz unschuldig bloß abstrakte Gesetze auf konkrete Fälle angewendet werden. Es ist manipulierbar durch die Qualität des Rechtsbeistandes, den sich jemand leisten kann. Josef Ackermanns Siegeszeichen im Rahmen des Mannesmann-Prozesses 2004 rief einen Sturm der Entrüstung hervor. Ackermann war neben anderen Managern wegen Untreue in schweren Fällen angeklagt. Er hatte das Siegeszeichen *vor* Prozessbeginn in die Kameras gehalten. Seine Geste drückte Siegesgewissheit, Lockerheit, sogar Heiterkeit aus. Das wurde als Arroganz der Macht interpretiert und brachte ihn und seine Geste für lange Zeit auf die Plakate von Demonstrant:innen. Es muss allerdings die Frage gestellt werden, was der Protest genau kritisierte. Denn wirklich überraschend war es vor Hintergrund der Gesetzeslage nicht, dass alle Angeklagten des Prozesses freigesprochen wurden. Zwar ging der Fall in Revision, doch nur, um zwei Jahre später eingestellt zu werden. Das war der erwartbare Ausgang. Ackermanns ›Fehler‹ bestand darin, das mit seiner Geste von Anfang an deutlich gemacht und gezeigt zu haben, wie sicher er sich über den Ablauf der Dinge war. Und recht hatte er ja. Die öffentliche Erwartung an ihn war jedoch, dass er sich nervös zeigen müsse. Er sollte wenigstens vorgeben, vor dem Ausgang des Prozesses zu zittern. Hieße das nun umgekehrt, dass Ackermann nicht nervös zu sein brauchte, weil er wusste, dass er unschuldig war? Ein unschuldiger Mensch hat vor Gericht nichts zu befürchten. Er kann dem Systemverständnis nach zwar angeklagt werden, wird aber sicher freigesprochen, da er ja unschuldig ist. Er dürfte also nicht nur, sondern *sollte* mit einem Siegeszeichen in einen Prozess gehen. Weshalb aber dann die Aufregung? Warum wurde das

Bild zum Symbol der Arroganz der Mächtigen? Schlicht deshalb, weil niemand daran glaubte, dass Ackermann unschuldig war. Anscheinend nicht einmal Ackermann selbst, der sich später für sein Siegeszeichen entschuldigte.

Was im Rechtssystem Anklagen sind, sind in der Wissenschaft Theorien: Relationen, die, wenn sie sich als unwahr herausstellen, fallen gelassen werden. Wahrheiten sind in der Wissenschaft bislang nicht bewiesene Unwahrheiten. Tatsächlich war eine der Hauptthesen des Philosophen Karl Popper, dass wissenschaftliche Theorien niemals endgültig bewiesen werden, sondern nur widerlegt werden können. Erst, wenn sie widerlegt werden kann, ist eine Theorie überhaupt wissenschaftlich. Der Versuch, Wahrheiten zu widerlegen, *ist* Wissenschaft. Was aber ist dann damit gemeint, wenn man sagt, etwas sei »wissenschaftlich bewiesen«? Zumindest doch so viel, dass eine Wahrheit nun gesichert ist, dingfest gemacht wurde. Der moderne Mensch erwartet von der Wissenschaft Wahrheit. Das ist der Grund, warum wissenschaftliche Expert:innen zu Rate gezogen werden. Das Ideal besteht darin, dass diese Wissenschaftler:innen sagen, wie die Dinge sind. Doch Wissenschaft ist dazu nicht in der Lage. Sie setzt nur neue Informationen mit alten Informationen in Relation und stellt darüber Theorien auf. Diese Theorien gelten so lange, bis sie widerlegt werden. Wäre es anders, gäbe es keinen Fortschritt.

Wir glauben an diese Systeme, so wie religiöse Menschen an Götter glauben. Wir erfahren, dass sie nicht perfekt funktionieren und sind jedes Mal enttäuscht darüber. Es gibt für diesen Ideal-Realitäts-Check sogar einen eigenen Berufsstand.

Presse

Ohne die Aufklärung ist freie Presse, schon das Bedürfnis nach einer freien Presse, nicht erklärbar. Das Bildungsbürger:innentum hat zur Mission, den Prinzipien der Aufklärung Geltung zu verschaffen; nicht nur im eigenen Umkreis, sondern überall. Die Presse entstand mit dem Zweck und Ziel, diese Mission zu überwachen. Sie ist eines der wenigen gesellschaftlichen

Systeme, das keinen eigenen Aufgabenbereich hat. Ihre Aufgabe besteht vielmehr darin, alle anderen Systeme auf ihr Funktionieren hin abzuklopfen und zu monieren, wenn dies nicht der Fall ist.

Der Fokus liegt dabei auf dem Ideal. Die Frage, die Journalist:innen stellen, ist nicht, wie sehr sich die Realität einem Ideal annähert, sondern wie sehr sie davon abweicht. Hierbei kommt es darauf an, worin das Ideal besteht. Besteht es in einer konservativen Sicht, nach der der Gesellschaft eine Hierarchie innewohnt, oder ist das Ideal egalitärer Natur und stellt die Skandalisierung trennender Elemente wie den Kapitalismus in den Vordergrund?[24] Besteht das Ideal darin, zu informieren oder zu emotionalisieren? Worin der Fokus auch liegt, journalistisches Vorgehen ist im Grundsatz immer das Gleiche: Am Anfang der meisten journalistischen Berichte steht ein Problem, eine politische Äußerung zum Beispiel. Die Aufgabe der Presse besteht zunächst darin, das System zu identifizieren, in dessen Zuständigkeit das Problem fällt, in diesem Fall das politische System. Im nächsten Schritt werden die Gesetzmäßigkeiten gefunden, nach denen das System funktionieren *sollte*. Das können Parteiprogramme, die Geschichte der Partei, die Politiken anderer Länder und Staaten sein. Diese Gesetzmäßigkeiten werden an die aktuelle Situation angelegt. Die Abweichung zwischen dem, was sein sollte (Ideal), und dem, was ist (Realität), ist das Thema des journalistischen Berichts. Daher gibt es so wenig »gute« Nachrichten. Über etwas zu berichten, das funktioniert, ist nicht die Hauptaufgabe der Presse. Im Gegenteil, wenn man darüber berichten müsste, würde man eingestehen, dass es sich um einen besonderen Zustand handelt. Dass die Systeme laufen, soll aber gerade nicht ein besonderer Zustand sein, sondern Normalität.

Die Presse benennt Probleme, aber löst sie nicht. Auch wenn Journalist:innen Lösungen anbieten, besitzen sie nicht die Möglichkeit, diese umzusetzen. Sie sind nicht Teil des Systems, über das sie berichten. Die Macht von Journalist:innen liegt in der öffentlichen Aufmerksamkeit, sie müssen Menschen für ihre Themen interessieren, damit Kommunikation darüber stattfindet. Der Medienwissenschaftler Neil Postman[25] hat eine interessante Überlegung angestellt: Es ist kein Geheimnis, dass Menschen im Wesentlichen die Nachrichten interessieren, die sie auch betreffen. Wenn es im Haus nebenan brennt, ist das Interesse gegeben. Die Emotionen, die dadurch hervorgerufen werden, ergeben sich durch die Nähe zum Ereignis. Die Presse muss nichts weiter tun, als darüber berichten. Brennt hingegen ein Haus (auch metaphorisch) auf einem anderen Kontinent, interessiert das zunächst wenig.

Wie aber kann die Presse (insofern sie will) Menschen, die an einem ganz anderen Ort wohnen, für die Dinge interessieren, die ihr berichtenswert erscheinen? Sie muss emotionale Nähe schaffen. Sie tut das durch drastische Bilder, durch den Bericht über Familienschicksale, durch die Einordnungen von Expert:innen, die das Feuer lediglich aus Ausdruck einer weitaus größeren Gefahr sehen: des Klimawandelns, der strukturellen Armut, der Korruption. Hier kommt die Ausrichtung des jeweiligen Presseorgans zur Geltung: Verweist das Problem auf ein drohendes Ende sicher geglaubter Hierarchien? Ist es ein Beleg für soziale Ungleichheit? Soll die Bevölkerung geschützt werden? Oder muss sie sich gegen die Abschaffung ihrer Grundrechte wehren? Der sachliche Vorgang des brennenden Hauses wird emotionalisiert und damit öffentliches Interesse geweckt. Sachlichkeit mit Emotion zu verbinden, ergibt Dramatisierung. Nachrichten dramatisieren Ereignisse, um auf Probleme hinzuweisen sowie ihre Wichtigkeit deutlich zu machen und um Druck auf die verantwortlichen Stellen auszuüben, dieses Problem zu lösen.

In der Folge entsteht der Eindruck einer permanenten Krise. Wer sich die Nachrichten anschaut, erhält den Eindruck, dass die Dinge kurz vor dem Zusammenbruch stehen. Dass die Systeme nicht ideal laufen, ist an sich nicht beunruhigend. Systeme laufen selten ideal. Durch Dramatisierung hingegen werden einfache Komplikationen zu Riesenproblemen, menschliche Versäumnisse zum kollektiven Versagen, wird das Wahrnehmen und Ansprechen von Problemen zum Zeichen des Kontrollverlusts. Der Begriff »News Circle«, Nachrichtenkreislauf, bringt dabei den zeitlichen Faktor zum Ausdruck. Nachrichten treten in den Vordergrund, an denen scheinbar das Schicksal der Menschheit, zumindest aber der Demokratie hängt, nur um weniger Monate später kaum noch im Bewusstsein der Öffentlichkeit präsent zu sein. In einer Atmosphäre der scheinbar permanenten Krise versteift sich auch der Eindruck, die politische Elite sei unfähig und unwillig, sich den Problemen anzunehmen – verstärkt um die Erfahrung einer Übermacht des Wirtschaftssystems, das in der Lage ist, politische und gesellschaftliche Regulierungsversuche zu überspielen. Diese medial vermittelte Normalität der Krise führt jedoch noch nicht automatisch dazu, dass Menschen beginnen, an Verschwörungserzählungen zu glauben.

Spitze Krisen

Die normalisierte Krisenanspannung steigert sich gelegentlich zum akuten Alarm, wenn es zu einer tatsächlichen Krise kommt. Diesen Zustand möchte ich eine *spitze Krise* nennen.[26] Spitze Krisen treten ein, wenn ein singuläres Ereignis geschieht, das wie ein Paukenschlag verkündet: Jetzt ist Krise. Solche Ereignisse waren in den vergangenen Jahrzehnten unter anderem der 11. September, der »Flüchtlingssommer« 2015 oder die Corona-Pandemie. Jedes dieser Geschehnisse hat eine komplexe Vorgeschichte, in deren Kontext das Versagen bestimmter sozialer Systeme thematisiert wurde. Doch mit einem Mal wurde daraus eine handfeste Problemsituation, auf die die Gesellschaft unvorbereitet war. Man ist zwar daran gewöhnt, über den drohenden Zusammenbruch zu reden, aber nicht daran, ihn wirklich zu erleben. In spitzen Krisen jedoch setzen die Systeme kurzzeitig tatsächlich aus. Der 11. September unterbrach für einen Moment die Abläufe im politischen System. Die ganze Entwicklung der 1990er Jahre, das vom US-amerikanischen Politikwissenschaftler Francis Fukuyama verkündete »Ende der Geschichte«, mit all der damit einhergehenden Hybris des Westens, wurde auf den Kopf gestellt, weil die USA als »mächtigstes Land der Welt« äußerst effektiv angegriffen wurden. Der »Flüchtlingssommer« 2015 in Deutschland kann als spitze Krise beschrieben werden, weil er zu einer Überforderung des Verwaltungssystems geführt hat. Der verwaltungstechnische Umgang mit geflüchteten Menschen, vom Grenzübertritt bis zur Unterbringung, schien außer Kontrolle zu sein. Die Corona-Pandemie, zunächst und im ersten Sinne eine Krise des Gesundheitssystems, wurde vor allem als Krise des Wirtschafts- und Bildungssystems spürbar. Dass Geschäfte und Schulen über Monate hinweg geschlossen waren, war vor dieser spitzen Krise nicht vorstellbar.

Bei spitzen Gesellschaftskrisen gibt es keine Alternativen: Es gibt kein zweites Wirtschafts- oder Bildungssystem. Ein Ausfall eines gesellschaftlichen Systems betrifft sofort alle anderen Großsysteme. Die ganze Gesellschaft gerät ins Stottern. In einem solchen Moment zeigt sich die Spaltung unserer Welt in eine sachliche und eine emotionale Ebene. Auf sachlicher Ebene dreht sich alles um die Organisation einer Lösung. Um möglichst rasch wieder in eine Situation zu geraten, in der Regeln »herrschen«, wird zunächst das System bestimmt, in dessen Zuständigkeit die Krise fällt. Beim 11. September war es das politische System, beim »Flüchtlingssommer« das Verwaltungssystem und bei Corona das Gesundheitssystem. Im Anschluss wird innerhalb des Systems eine Institution bestimmt, die das

Problem federführend lösen soll. Die USA entschieden über den Angriff auf Afghanistan und den Irak, nicht der UNO-Sicherheitsrat. Das Landesamt für Gesundheit und Soziales (LaGeSo) entschied über die Verteilung der Geflüchteten. Das Robert Koch-Institut stellte zur Bekämpfung der Corona-Pandemie die Regeln auf.

Hierarchien sind in Systemen nicht unumstritten. Doch davon erfährt die Öffentlichkeit nur wenig. In einer spitzen Krise ist kein Raum für Konfrontation, während eines Polizeieinsatzes sieht man nun einmal keine Polizist:innen über das richtige Vorgehen diskutieren. So auch bei einer spitzen Krise, an der die Systeme die Rolle der Einsatzkräfte übernehmen: Eindeutigkeit ist gefragt. Eine Lösung wird bis zu einem neuen Wissensstand prozessiert. Diese Eindeutigkeit hat auch einen äußeren Effekt. Sie schafft für die anderen Systeme eine Handlungsgrundlage. Auf die Regeln des Robert Koch-Instituts mussten alle Systeme reagieren und diese operational auf den eigenen Zuständigkeitsbereich übersetzen: Neue Unterrichtskonzeptionen mussten erdacht und implementiert werden, Schilder mit den Hinweisen auf Maskenpflicht gedruckt werden. Hierfür ist Einheitlichkeit vonnöten, auch deshalb, weil die anderen Systeme die Lösungsvorschläge und Regeln nicht nachvollziehen können. Im Bildungssystem werden eben keine Impfstoffe entwickelt, sondern Einrichtungen verwaltet.

Das Robert Koch-Institut hielt zur Hochzeit der Pandemie jeden Morgen eine Pressekonferenz ab, in der der aktuelle Stand der Erkenntnisse über und Maßnahmen gegen das Corona-Virus erläutert wurden. So wurde die tagesaktuelle Normalität definiert. Diese Definition wurde von der Presse mitgeschrieben und über alle zur Verfügung stehenden Kanäle verkündet. Die Presse befindet sich in einer spitzen, die Menschen unmittelbar betreffenden Krise, in einer Situation, die Neil Postman als lokal ausgemacht hat. Die Öffentlichkeit muss nicht erst für Nachrichten interessiert werden, sie hat ein eigenes Interesse daran. Zudem befindet sich die Gesellschaft in einem Lösungsprozess, also dem Handlungsmodus, den die Presse stets einfordert. Dennoch kommt hier die Ausrichtung der Presseorgane zum Tragen. Der öffentlich-rechtliche Rundfunk sah sich vor allem als Medium, das die Bevölkerung informiert. Er fokussierte sich zu Beginn der Corona-Pandemie vorwiegend auf den medizinischen Aspekt.[27] Es führte zu wenig Kritik, als die Mitarbeitenden des Robert Koch-Instituts die Gesellschaft behandelten wie Ärzt:innen ihre Patient:innen, denen sie erklären können, was diese tun oder lassen sollten. Die öffentlich-rechtliche Presse stand den Maßnahmen nicht kritisch gegenüber, weil sie sich aus der Gesellschaftsorganisation selbst ergaben und darin als aufgeklärtes Handeln erschienen.

Kritik verschwand dadurch nicht völlig. Es erschienen Artikel, die den »Flickenteppich« der Maßnahmen hinterfragten oder bemängelten, dass Impfstoffe nicht überall sofort zur Verfügung standen. Aber den eigentlichen Grundmodus des staatlichen Vorgehens stellten die öffentlich-rechtlichen Medien nicht infrage. Denn ihn zu kritisieren, hieße unweigerlich, der neuen Normalität die Sachlichkeit abzusprechen und damit ein als aufgeklärt verstandenes Handeln zu kritisieren. Konkret: Es hieße, sich anzumaßen, mehr über das Corona-Virus zu wissen als die Menschen, die beim Robert Koch-Institut arbeiteten. Die *Bild-Zeitung* ging dagegen einen anderen Weg. Die Maßnahmen der Regierung wurden heftig kritisiert und mit Hendrik Streeck, Leiter des virologischen Instituts am Universitätsklinikum Bonn, ein Experte eingeführt, der sich kritisch gegenüber dem Lockdown, das heißt dem Stilllegen des öffentlichen Lebens, aussprach. Damit entstand eine Diskussion darüber, wie das Problem der *spitzen Krise* zu lösen ist. In beiden Fällen hielten sich die Presseorgane an der systemischen Hierarchie fest, der zufolge das Robert Koch-Institut legitimiert war, mit seinen Empfehlungen politische Entscheidungen maßgeblich zu beeinflussen – nicht zuletzt aufgrund der Expertise des Virologen Christian Drosten, Professor bei der Charité Berlin, und von Lothar Wieler, Präsident des Robert Koch-Instituts. Widerrede konnte nur von einem Menschen in einer ähnlichen Position, mit einer ähnlichen Expertise geäußert werden. Der fand sich in Hendrik Streeck.

Der Bezug auf die Hierarchie ist während einer spitzen Krise besonders wichtig. Wenn alles unsicher ist, muss zumindest klar sein, dass derjenige, der sich des Problems annimmt oder sich dazu äußert, dazu legitimiert ist. Das machte die Corona-Pandemie als genuin medizinisches Problem besonders deutlich. Auch bei den Terroranschlägen vom 11. September wurde diese Hierarchie durch »Geheimdienstinformationen« hergestellt, die sogar definitionsgemäß hierarchisch sind. Kritik an der zwei Jahre später beginnenden Invasion der USA in den Irak wurde ebenfalls damit begegnet, dass der Geheimdienst Informationen über Massenvernichtungswaffen hätte. Wohingegen es im »Flüchtlingssommer« 2015 keine eindeutige Hierarchie gab. Das Landesamt für Gesundheit und Soziales in Berlin wurde zwar zum Sinnbild der Verwaltungsprobleme, hatte aber nicht die Position inne, wie das Robert Koch-Institut während der Corona-Pandemie oder die US-Regierung nach dem 11. September. Die Zuständigkeit lag im politischen System und fokussierte sich dabei vorwiegend auf die damalige Bundeskanzlerin Merkel. Vielleicht aufgrund dieser Uneindeutigkeit rechtfertigte die Kanzlerin den Umgang mit den Geflüchteten über die Gefühlsebene: »Wir schaffen das«. Das gibt einen Hinweis auf die Erklärung des Entstehens von Verschwörungsdenken.

5. Gefühle

Nachdenklich stimmt, dass eine Beschreibung des Umgangs mit einer spitzen Krise wie der Corona-Pandemie erfolgen kann, ohne auch nur ein einziges Mal konkrete Menschen zu thematisieren. Dabei bestehen Systeme natürlich nicht für sich, sondern werden durch Menschen hergestellt: durch das, was Menschen tun, durch das, was sie lassen, was sie sagen und worüber sie schweigen. Und nur, weil Menschen systemisch handeln, heißt das nicht, dass sie dadurch zu Maschinen werden. Sie bleiben Menschen und sie haben Gefühle. Ein gesellschaftlicher Systemausfall hat einen emotionalen Effekt. Wenn das Unvorstellbare passiert, ist das verunsichernd und beängstigend. Die Welt ist außer Kontrolle geraten, so erscheint es zumindest. Wir spüren das nicht nur anhand dessen, was geschieht, sondern auch an den ratlosen Gesichtern der Verantwortlichen: Niemand hat in diesem Moment eine Lösung, die viel beschworene Katastrophe ist eingetreten.

Gefühle müssen in einer spitzen Krise in den Hintergrund treten. Die Intensität der Problemlösung: Auswahl des Systems, Auswahl der Verantwortlichen, Verkündung der neuen Verfahren durch die Verantwortlichen, Umsetzung dieser Regeln durch die anderen Systeme, all das läuft im Modus absoluter Anspannung ab. Es ist dieselbe Anspannung, mit der etwa Notfallkräfte im Einsatz agieren, dieselbe Gespanntheit, mit der Menschen während einer Naturkatastrophe handeln, ohne nachzudenken, oder in der Passanten bei einem Autounfall helfen, ohne zu reflektieren. Es ist eine Gespanntheit, in der für Gefühle keine Zeit bleibt. In einer spitzen Krise, die eine Gesellschaft in Gänze betrifft, gilt die Aufforderung, dass jede:r sachlich zu handeln hat. Das heißt etwa, zu tun, was das Robert Koch-Institut sagt: Die Schule soll zu Hause stattfinden, die Maske soll in öffentlichen Verkehrsmitteln aufgezogen werden und Umarmungen haben zu unterbleiben.

Das Bildungsbürger:innentum akzeptiert die neuen Regeln und setzt sie um. Für sie stellt dies die einzig realistische Möglichkeit dar, das Problem möglichst schnell zu überwinden. So wie die Presse berichtet, so verhält sich das bildungsbürgerliche Milieu insgesamt. Alternativen, Diskussionen über den Sinn der Maßnahmen, Zweifel gar sind fehl am Platz, schlicht aus dem Grund, weil man von der Sache nichts versteht. Eine Bildungsbürgerin, die beispielsweise als Lehrerin oder als Bankangestellte arbeitet, verfügt nicht über das nötige Wissen darüber, was eine gute oder schlechte Corona-Maßnahme ist. Das muss ihr nicht gefallen, ebenso wenig wie ihr die Maßnahmen selbst gefallen müssen. Aber sie beugt sich diesem Verfahren, denn es ist ein aufgeklärter Vorgang und sie ist ein aufgeklärter Mensch. Gefühle werden im Privaten geäußert: dem Partner gegenüber, den engen Freunden (die sich auch an die Regeln halten), in der eigenen Reflexion. Öffentlich spielen sie keine und wenn dann nur eine verhaltene Rolle. Ein Blick, eine Bemerkung – ansonsten gilt die Sachebene. In einer spitzen Krise sind alle dazu aufgerufen, Einsatzkräfte zu sein, die mithelfen, ein Problem zu lösen.

Verschwörungstheoretiker:innen sind hier anderer Ansicht. Sie äußern ihre Zweifel darüber, dass Handeln automatisch zur Lösung führen muss. Sie äußern ihre Gefühle in der Öffentlichkeit und sie bestehen darauf, dass diese Gefühle ernst genommen werden. Gefühle sind in einer spitzen Krise jedoch selbst dann problematisch, wenn sie die sachliche Ebene unterstützen. Angela Merkels »Wir schaffen das« im »Flüchtlingssommer« 2015 wirkte fehl am Platz, weil es die Gefühlsebene ansprach und nicht strikt auf der Sachebene blieb. Denn statt über Gefühle zu sprechen, ist Handeln das Gebot der Stunde. Der Aufforderung, auf der Sachebene zu bleiben, verweigern sich diese Menschen: Sie drücken Angst und Besorgnis aus. Lange bevor sie zu Verschwörungstheoretiker:innen werden, sprechen sie öffentlich darüber, dass sie verunsichert sind. Sie erklären ihre Zweifel daran, dass die Maßnahmen das Problem auch wirklich lösen und sicher sind. Ein berechtigter Zweifel zu diesem Zeitpunkt. Die Zulassung etwa für den Impfstoff zur Bekämpfung des Corona-Virus erfolgte innerhalb eines Jahres, während die sonst üblichen Zulassungsverfahren sich über einen jahrzehntelangen Zeitraum erstrecken.[28] Auch wenn sich das Tempo vom wissenschaftlichen Standpunkt rechtfertigt, ist eine Irritation darüber nicht abwegig.

Wenn sie in dieser Situation Zweifel äußern, schlägt den Menschen Abwertung entgegen. Nicht weil niemand sonst zweifelt, sondern weil diese Leute die Situation stören, in der alle Angst haben und diese nur dadurch gedeckelt wird, dass niemand sie anspricht. Es gilt ja: Zähne zusammenbeißen, dann sind wir schnell durch. Und dann kommen Menschen und sagen, dass ihnen das nicht behagt. Gerne würden Bildungsbürger:innen den Einwand sachlich zurückweisen. Das können sie aber nicht, denn ihr Argument, das vorgeblich sachliche Argument, besteht im Wesentlichen darin, immer wieder auf die übergeordnete Instanz zu verweisen, die, ausgerüstet mit technokratischem Sachverstand, sagt, was richtig ist und was falsch. Gerade diese Instanz wird aber angezweifelt. Darum müssen abweichende Meinungen abgewertet werden, indem man die Menschen, die sie äußern, als Kinder hinstellt, die den Ernst der Lage nicht begriffen haben. Es ist ein wenig so wie im Märchen *Des Kaisers neue Kleider*, in dem der Kaiser nackt ist, aber keiner sich traut, das auszusprechen. Erst als Kinder darauf hinweisen, fangen alle an zu lachen. In einer spitzen Krise wissen alle, dass der Kaiser nackt ist. Aber man benötigt jemanden, der regiert. Das Ernstbleiben ist ein bewusster Entschluss, wer lacht, wird ausgeschimpft.

Zugrunde liegt dem natürlich selbst eine Emotionalität; die aufgeklärten Bürger:innen erkennen in der Beunruhigung der anderen die eigene wieder. Doch gerade deshalb darf sie nicht in den Vordergrund treten. Denn das hieße, den Pfad der Aufklärung zu verlassen und den Gefühlen freien Raum zu lassen. Dann allerdings wäre man wieder bei der Religion, bei der Monarchie oder sonstigen gedanklichen Verirrungen, in denen Wissenschaft nach Emotionen gestaltet wird und nicht andersherum. Das Bildungsbürger:innentum reagiert deshalb unwirsch und hart auf alles, was sich dem eingeschlagenen Systemweg entgegenstellt. Es ist empfindlich gegenüber denjenigen, die sich empfindsam äußern. Denn auch wenn diese Menschen laut und polternd daherkommen, Empfindsamkeit ist es doch, was sie ausdrücken.

Gefühle versachlichen

Was aber ist zu tun, wenn Emotionen und Empfindungen im Diskurs nicht zugelassen werden? Man versucht selbst, sachlich zu argumentieren. Doch fehlen den (noch) Besorgten (später dann Verschwörungstheoretiker:innen) die sachlichen Argumente, denn es fehlt die Kompetenz und eine Position, mit der man in der öffentlichen Debatte gehört werden würde. Es reicht eben nicht, bloß anzuführen, dass Schweden bei der Eindämmung der Corona-Pandemie einen anderen Weg geht. Die sachliche Begründung dahinter muss verstanden sein und muss im Gespräch ausgedrückt werden können. Das wird sie aber ohne weiteres nur von Expert:innen, zu denen die Besorgten jedoch zumeist ebenso wenig zählen wie diejenigen, die den offiziellen, sachlichen Weg der Eindämmung des Virus verteidigen. Infolgedessen diskutieren an Kaffeetischen Menschen, die die sachlichen Zusammenhänge nicht erfasst haben. Pseudosachliche Diskussionen finden statt, in denen alle zur Expert:in ihrer Wahl greift, um ihren Gefühlen die Souveränität eines soliden Arguments zu verleihen. Bildungsbürger:innen müssen die Autorität ihrer Expert:innen nicht gesondert begründen. Institutionen wie das Robert Koch-Institut *sind* die offizielle Autorität. Eine solche Position lässt sich nur angreifen, wenn man selbst eigene Expert:innen angeben kann, die alternative Lösungen präsentieren. Emeritierte Professor:innen, Doktor:innen, Ex-Generäle, Ex-Polizist:innen und Ex-Politiker:innen sind höchst willkommene Gegensprecher:innen. Sie verkörpern eine Kompetenz, die sich nicht sofort abweisen lässt. Dabei ist es nicht ausschlaggebend, ob der akademische Titel zur Problemlage passt. Ein emeritierter Psychologieprofessor, der vorher nie zu gesellschaftlichen Themen gearbeitet hat, wird zu diesem Thema stets mehr Gehör finden als ein Fliesenleger in Rente. Allein der akademische Titel macht klar: Es handelt sich um einen kompetenten Menschen. Ähnliches gilt für Leute, die zwar im Feld arbeiten, in dem an der Lösung des Problems gearbeitet wird, die jedoch zu weit vom Handlungszentrum entfernt sind, um wirklich gehört zu werden. Im Fall der Corona-Pandemie waren das, neben Hendrik Streeck, unter anderem

Allgemeinmediziner:innen mit eigener Praxis. Diese Expert:innen präsentieren andere Lösungen, kritisieren den eingeschlagenen Weg und öffnen Raum für Argumentation. Auf diese Weise kann in Diskussionen jeder ein Stück Sachlichkeit an sich ziehen. Das entlastet von dem Gefühl, jegliche Eigeninitiative aus der Hand geben zu müssen.

Für viele, wahrscheinlich für die meisten Menschen, reicht das aus. Es gibt Maßnahmen, man fühlt sich unwohl dabei und hat Expert:innen gefunden, die das ebenso sehen. Deren Stimmen gelten als Grundlage, um zu diskutieren. Dass eine breite Diskussion nicht stattfindet, ist ein Grund zur Klage. Doch immerhin lässt sich das eigene Unwohlsein als gerechtfertigt darlegen.

Figuren werden

Es gibt Menschen, die einen Schritt weitergehen. Selbst vom aufklärerischen Denkmodus geprägt, argumentieren sie sachlich, aber ihre brodelnden Gefühle lassen es immer weniger zu, die eigene Ansicht als eine von vielen im Diskurs zu akzeptieren, noch dazu als eine Minderheitenposition. Diese Ohnmacht können sie nicht ertragen und stellen ihre Souveränität wieder her, indem sie den realen Argumentationsraum verlassen und in einen fiktiven wechseln. Das Problem stellt sich hier plötzlich ganz anders dar, in dieser Welt ist alles umgekehrt. Die Systeme arbeiten nicht an einer Problemlösung, sondern sind Teil eines bewusst geschaffenen Problems.

Dies ist der Übergang von der Realität in eine Geschichte. Die dauernde Irritation, dass nicht alle Mitbürger:innen auf die Position der Verschwörungstheoretiker:innen einschwenken wollen, wird überbrückt, indem großangelegte Täuschungsmanöver vermutet werden. Die Wahrheit kennen nur wenige Personen, eben die Gruppe der Verschwörer:innen, um die sich die Geschichte rankt: Deep State, Illuminaten, Freimaurer etc. Diejenigen, die Kenntnis von diesem geheimen Wissen erlangen, werden dadurch selbst exklusiv – und geraten in Gefahr. Denn dass die Wahrheit verheimlicht wird, impliziert notwendig, dass dubiose, vielleicht sogar teuflische Absichten im Spiel sind. Daher darf das exklusive Wissen nicht öffentlich werden, Unbefugte müssen ausgeschaltet werden. Die Held:innen im Thriller sind deshalb im höchsten Maße bedroht: Sie werden verfolgt, auf sie wird geschossen, Räume explodieren, kurz nachdem sie sie verlassen haben. So bedrohlich diese Ereignisse sind, die Maßnahmen, die zur Verhinderung ihrer Aktivitäten unternommen werden, sind ein klares Zeichen für die Held:innen, dass sie sich auf dem richtigen Weg befinden. Bis zu dem Moment, in dem sich der Widerstand zeigt, ist es immer möglich, dass die Held:in keine Held:in, sondern psychisch krank ist. Es besteht die Gefahr, sich die Dinge nur einzubilden. Sobald jedoch der erste Schuss fällt und der erste Wagen mit quietschenden Reifen die Verfolgung aufnimmt, wird klar, dass alles real ist. Im Film *Staatsfeind Nr. 1*[29] will der Anwalt Robert Clayton Dean (gespielt von Will Smith) Dessous für seine Frau kaufen. Während des Einkaufs steckt ihm ein Fotograf eine Diskette in seine Tasche, die ein Video enthält, das die Ermordung eines Senators durch den Geheimdienst NSA zeigt. Daraufhin wird Dean vom Geheimdienst verfolgt. Der Film ist durch seine Darstellung technischer Überwachungsmöglichkeiten bekannt geworden. In unserem

Zusammenhang ist jedoch Deans Ungläubigkeit wichtig, mit der er zu Beginn des Filmes auf die zunehmende Bedrohung reagiert. Er ist, wie jeder normale Mensch in seiner Situation, hilflos und überfordert. Seine Ex-Freundin vermittelt ihm den Kontakt zu dem ehemaligen NSA-Agenten und Überwachungsexperten Edward Lyle (gespielt von Gene Hackman). Lyle führt Dean in seine Rolle ein, sich jetzt in einem Thriller zu befinden. Es kommt zu einer Schlüsselszene, in der Dean telefoniert und kurz darauf das gesamte Gebäude explodiert. Mit knapper Not entkommen, flüchten Dean und Lyle im Auto. »Sie haben den Raum gesprengt!«, ruft Lyle. »Wieso?«, fragt Dean. »Weil Sie telefoniert haben!« In diesem Moment ist klar, Dean ist nun Teil einer Geschichte. Er muss die Rolle des Helden annehmen oder er wird sterben.

Dass Menschen ihr Leben nach Bildern aus Geschichten modellieren, ist nicht ungewöhnlich. Liebesbeziehungen sind ein alltägliches Beispiel. Wenn die Autorin Sophia Fitz über ihre Vorstellungen von Liebe und Beziehungen reflektiert, kommt sie zu dem Schluss, dass die meisten dieser Vorstellungen Liedern, Serien, Filmen und

Romanen entspringen.[30] Ein problematischer Befund, denn diese Unterhaltungsmedien haben weniger etwas mit realen Beziehungen zu tun als mit einem unerreichbaren Ideal. Wird dieses Ideal in die Realität übertragen, hören Menschen auf, Menschen zu sein. Sie werden zu Figuren, die sich nach dem Drehbuch verhalten. Der junge Mann und die junge Frau, die aus dem Club in den warmen Sommerregen hinaustreten, wissen, dass sie sich jetzt küssen müssen. Die Lieder, die Filme und die Romane haben es ihnen gesagt. Gefühle erhalten auf diese Weise eine eigene Sachlichkeit, sie werden gesteuert.[31]

Verschörungstheoretiker:innen nehmen die Sache allerdings ernster, was sich bereits am Genre ablesen lässt, nach dessen narrativen Regeln sie ihre Geschichten schreiben. Sie treten in einen Thriller ein und sehen nicht bloß ihre privaten Beziehungen durch diese Linse, sondern die Gesellschaft als solche und das politische System. Sie werden zu realen Held:innen und ordnen die Welt entsprechend den Rollen, die diese Erzählung beinhaltet: Agent:innen geheimer Organisationen, Mitstreiter:innen, Expert:innen, eine ahnungslose Umwelt.

All das findet so in der Realität nicht statt. Verschwörungsanhänger:innen widerfährt nichts: Sie dürfen demonstrieren, sie dürfen im Internet ihre Meinung kundtun. Manchmal werden sie dafür gerügt, manchmal können sie sich auf einer Plattform nicht mehr direkt ausdrücken, aber das ist weit von den Bedrohungen und Gefahren entfernt, denen Menschen im Thriller ausgesetzt sind. Der Fall des Polizisten Fritsch ist dabei in seiner Konsequenz außergewöhnlich, aber das Ergebnis eines offiziellen Verfahrens. Explodierende Gebäude gibt es keine.

Nichtsdestotrotz wirkt bei Anhänger:innen von Verschwörungstheorien die Erkenntnis, dass die vorgeblich politisch Verantwortlichen Handlanger sind und die Expert:innen (absichtlich?) falsch liegen, als Erweckungserlebnis: in Wahrheit sind die vermeintlichen Laien die Expert:innen, es gibt Held:innen. Gerade noch das unbedeutende Rädchen, das im Getriebe zu funktionieren hat, ist man nun zu einem souveränen Menschen geworden, zu Held:innen, die sich aus ihrer verordneten Untätigkeit erheben und handeln. Waren nicht auch im Dritten

Reich das System und seine Expert:innen das Böse? Leisteten nicht die »normalen Leute« Widerstand? Waren das nicht die Guten? Der Vergleich mit Sophie Scholl, den ›Jana aus Kassel‹ gezogen hat, drückt diesen Gedankengang aus. Die Kräfte, die einem sagen, dass man klein ist, haben Angst vor der Größe, die in einem steckt. Diese Größe liegt nicht in einer sachlichen Bildung, sondern im gesunden Menschenverstand, über den zu verfügen sich diese Leute sicher sind. Nur sie verfügen über den Mut, sich ihres Verstandes zu bedienen. Hat Immanuel Kant es nicht genauso gesagt? Lasst es auf Plakate schreiben und bei Demonstrationen gegen die Corona-Maßnahmen hochhalten.

Selbst die eigentlich Wissenden zu sein, das ist die Position, von der aus Angst und Ohnmachtsgefühle zurückgedrängt werden. Die Held:in in einem Thriller ist vielleicht in Gefahr, weiß aber, was zu tun ist. Held:innen kämpfen für die gerechte Sache. Sie tun dies, weil sie nicht anders können. Das macht sie nicht zu Abweichler:innen der Aufklärung, sondern, im Gegenteil, es macht sie zu deren Verfechter:innen. Held:innen sind es, die im

Licht der Wahrheit stehen, während alle anderen im Dunkeln wandeln. Held:innen müssen tun, was sie tun, denn es geht nicht um sie allein. Und sie tun das alles aus einer Angst heraus, die sich offen formulieren lässt: »Ich mache mir Sorgen um mein Land/meine Familie/unsere Demokratie«. Angst ist für Held:innen keine Schwäche. Sie ist ein Antrieb, sie ist Stärke. In einer Situation der Bedrängnis sich als Held:in fühlen zu können, verleiht Sicherheit und Gewissheit. Die emotionale Flucht in die Welt des Entertainments, darin liegt die Attraktivität von Verschwörungstheorien. Sie sind darum nicht als bloße Denkfehler von ärgerlichen Menschen abzuqualifizieren. Bildungsbürger:innen täten gut daran, dies zu verstehen.

Danksagung

Ich danke meiner geliebten Dörte. Ohne Dich wäre nichts geschrieben.

Ich danke Arne für seinen Blick.

Ich danke Thomas für die Irritation.

Und ich danke Thomas Gude vom Verlag für die produktive Zusammenarbeit.

Endnoten

1 ZDFheute Nachrichten (2020): »Dunja Hayali beim Protestmarsch gegen die Corona-Maßnahmen« [Video], *YouTube*: https://youtu.be/gG7IrxBNAOg?si=h2OGnwVlHCYZJeeo (Abgerufen am 11.10.2024)

2 Sozioplus (2020): Verschwörungstheorien mit Christian Schiffer [Video], YouTube: https://youtu.be/PUSbMSfaSJM?si=dlRO61hKgpuIzJ3N (abgerufen am 11.10.2024)

3 Normanton, Peter (Hrsg.) (2008): *The Mammoth Book of Horror Comics*. Robinson, London.

4 Pollack, Sydney (Regie): *Die drei Tage des Condor*. USA: Paramount Pictures, 1975.

5 Crichton, Michael (Regie): *Coma*. USA: Metro-Goldwyn-Mayer (MGM), 1978.

6 »Foxconn-Suizide«. In: *Wikipedia, Die freie Enzyklopädie*. Bearbeitungsstand: [15.10.2024]. URL: https://en.wikipedia.org/wiki/Foxconn#Controversies (Abgerufen am 15.10.2024)

7 AFI CATALOG OF FEATURE FILMS: https://catalog.afi.com/Catalog/MovieDetails/56259 (Abgerufen am 11.10.2024)

8 TH Köln (2021): *Corona und die soziale Lage*. https://www.th-koeln.de/hochschule/corona-und-die-soziale-lage_84294.php (Abgerufen am 11.10.2024)

9 Some More News. (2024): »Teaching Jordan Peterson Why He Lies About Climate Change: Part Two – SOME MORE NEWS« [Video], *YouTube*: https://youtu.be/CvHoPkw_iCg (Abgerufen am 11.10.2024)

10 Butter, Michael (2018): »Polarisierung: Was den Glauben an Verschwörungen stark macht«, *Forschung & Lehre*, 25(10), 880–882, online verfügbar: https://www.forschung-und-lehre.de/autor/butter-michael-153 (Abgerufen am 11.10.2024)

11 Bourdieu, Pierre (1982): *Die feinen Unterschiede. Kritik der gesellschaftlichen Urteilskraft*. Berlin: Suhrkamp.

12 The Daily Show (2019): »What in the World? | The Daily Show« [Video], *YouTube*: https://youtu.be/d1rHsI-g3z4?si=yG5BsK2HEk EgejsF (Abgerufen am 15.10.2024)

13 Boltanski, Luc (2013*): Rätsel und Komplotte: Kriminalliteratur, Paranoia, moderne Gesellschaft*. Berlin: Suhrkamp.

14 Jacko TV. (2021): *Loose Change: Final Cut* (2007) [Video], *YouTube*: https://youtu.be/xEZAXFbAnbA?si=eLLW_DLMoJ9YyuhK (Abgerufen am 15.10.2024)

15 Peter, Erik (2020): »Attila Hildmann-Kundgebung in Berlin: Attila kocht braune Soße«, *taz.de*. 19.07.2020. Online verfügbar: https://taz.de/Attila-Hildmann-Kundgebung-in-Berlin/!5701321

16 Thorwarth, Katja (2021): »Attila Hildmanns Corona-Karriere scheint vorbei: Veganster Führer der Herzen auf der Flucht«, *Frankfurter Rundschau* 25.02.2021. Online: https://www.fr.de/meinung/kolumnen/attila-hildmann-coronavirus-koch-verschwoerungen-flucht-haftbefehl-leugner-13748885.html (Abgerufen am 11.10.2024)

17 Butter, Michael (2018): *»Nichts ist, wie es scheint«: über Verschwörungstheorien*. Berlin: Suhrkamp.

18 Hamilton, Guy (Regie) (1964): *James Bond 007 – Goldfinger.* Vereinigtes Königreich: Eon Productions.

19 Julia Wolf (2023): »Querdenken Demo Dortumund [Sic!] 09.08.2020 – starke Rede von Polizeihauptkommissar Michael Fritsch« [Video], *YouTube*: https://www.youtube.com/watch?v=ydoZzcbspc4 (Abgerufen am 15.10.2024)

20. Welt (2020): »›So ein Schwachsinn‹: ›QUERDENKEN‹-Rednerin vergleicht sich mit Sophie Scholl« [Video], *YouTube*: https://www.youtube.com/watch?v=3Y7pNU03i-0 (Abgerufen am 15.10.2024)

21 Butter, Michael (2018): »Was den Glauben an Verschwörungen stark macht«, *Forschung und Lehre*, 04.08.2018. Online: https://www.forschung-und-lehre.de/detailview/was-den-glauben-an-verschwoerungen-stark-macht-880, (Abgerufen am 11.10.2024), Michael Butters Buch zu Verschwörungstheorien ist entsprechend betitelt: *Nichts ist wie es scheint.*

22 Pickel, Gerd/Schneider, Verena/Pickel, Susanne et al. (2023): »Religiosität, Religion und Verschwörungsmentalität in der Covid-19-Pandemie«, *Z Religion Ges Polit* 7, 553–587 (2023). Online: https://doi.org/10.1007/s41682-023-00163-2 (Abgerufen am 14.10.2024) sowie Landeszentrale für politische Bildung Baden-Württemberg: *Verschwörungstheorien*, https://www.lpb-bw.de/verschwoerungstheorien (Abgerufen am 14.10.2024).

23 Bei seiner Retrospektive der *Freitag, der 13.*-Horrorfilmreihe kritisierte der YouTuber Cinemassacre ebendiesen Punkt. Der erste Teil habe so seine Schwächen: Es würde etwa eine ganze Szene lang gezeigt, wie jemand Kaffee kocht. Cinemassacre (2017): »Friday the 13th (movie series review)« [Video], YouTube: https://youtu.be/9NdcnriTbs8?si=wloE-SK5WoX609M5z (Abgerufen am 14.10.2024)

24 Vgl. Žižek, Slavoj (2019): *Sex and the Failed Absolute*. London: Bloomsbury.

25 Postman, Neil (2005): *Amusing Ourselves to Death: Public Discourse in the Age of Show Business.* 20th Anniversary Edition. New York: Penguin Books.

26 Sie sind das, was Michael Butter als *Ereignisverschwörungstheorien* bezeichnet. Der Begriff der *spitzen Krise* erweitert diesen Begriff, indem er den Übergang von einer (gefühlten) permanenten zu einer akuten (tatsächlichen) Krise kennzeichnet.

27 Grimm, Imre (2020): »Kritik an Corona-Berichterstattung von ARD und ZDF: Sender wehren sich gegen Medienstudie«, *RedaktionsNetzwerk Deutschland* 20.08.2020. Online: https://www.rnd.de/medien/kritik-an-corona-berichterstattung-von-ard-und-zdf-sender-wehren-sich-gegen-medienstudie-C3B4FEKAMNBFBNTKGO5EETMR3E.html (Abgerufen am 14.10.2024)

28 Röhlich, Dagmar (2020): »Rennen um die Zulassung der Corona-Impfstoffe«, *deutschlandfunk*. Online: https://www.deutschlandfunk.de/schnelligkeit-vor-sicherheit-rennen-um-die-zulassung-der-100.html (Abgerufen am 14.10.2024)

29 Scott, Tony (Regie): *Der Staatsfeind Nr. 1.* USA: Touchstone Pictures, 1998.

30 Fritz, Sophia (2023): *Toxische Weiblichkeit.* München: Carl Hanser Verlag.

31 Sophia Fitz identifiziert diese Bilder als oftmals toxisch und plädiert dafür, ihnen realistische Szenarien entgegenzustellen.